33 JAHRE
glücksspielfrei

Biografie

Mario Kluth

Bibliografische Information der Deutschen Nationalbibliothek
Die Deutsche Nationalbibliothek verzeichnet diese Publikation
in der Deutschen Nationalbibliografie; detaillierte bibliografische
Daten sind im Internet über http://dnb.de abrufbar.

Wir sind ein junger Verlag und sehr dankbar für jede Art von Feedback.
Sollten Sie daher Anregungen oder Fragen haben, würden wir uns sehr
freuen, von Ihnen zu lesen:
support@litego.de

Erstauflage
Veröffentlicht im Litego Verlag, Wien

Alle Rechte, insbesondere Verwertung und Vertrieb der Texte, Tabellen
und Grafiken, vorbehalten.

Copyright © 2024, Mario Kluth

ISBN 978-3-99159-027-9 Taschenbuch
ISBN 978-3-99159-028-6 eBook

Lektorat: Alexander Schiefer
Satz: Tomasz Dębowski
Umschlaggestaltung: Anna Bleikolm

Weitere Informationen zum Verlag finden Sie unter:
www.litego.de

Wir wünschen Ihnen viel Vergnügen beim Lesen!

33 JAHRE
glücksspielfrei

Biografie

LITEGO

*Alles das, was ich selber denk und tu,
trau ich auch jedem anderen zu.*

1. KAPITEL

Sei es nun das enthemmende Gefühl nach einigen Drinks, der verführerische Rausch einer (verbotenen) Droge oder jener Adrenalinflash, der beim Glücksspiel durch die Adern schießt – Sucht hat viele Gesichter und umhüllt sich mit einem, geheimnisvollen Schleier. Denn, trotz umfangreicher Fachliteratur, jahrelanger Forschung und der medizinischen Einstufung als schwere Erkrankung, bleibt Abhängigkeit, für Außenstehende, größtenteils ein Mysterium, welches gleichermaßen fasziniert und verwirrt. Den meisten Menschen scheint es eben schier unvorstellbar, wie sich jemand – vermeintlich freiwillig – auf den Pfad der Selbstzerstörung begeben kann. Warum setzt sich ein Junkie eine Nadel nach der anderen, während er offensichtlich vor die Hunde geht? Wie können all die Crack-Heads in unseren Großstädten ihren

Zustand nur derart ignorieren und weiter dem Kokain nachjagen, wenn doch jeder nächste Turn die Gefahr eines Herzinfarkts oder Hirnschlags birgt? Wie ist es nur möglich, dass Spielsüchtige ihre Liebsten betrügen, sich verschulden, den letzten Cent verzocken und dennoch immer wieder den Weg zu diesen seelenlosen Automaten finden? Diese Liste könnte man nahezu endlos fortführen, wobei natürlich alle Fragen auf den gleichen Punkt abzielen. »Abhängigkeit ist etwas Schlechtes!«, »Damit fängt man erst gar nicht an!«, »Im Zweifel sucht man sich eben professionelle Hilfe und das Problem ist gelöst!« – so lautet nun mal der gängige Tenor in unserer Gesellschaft. Ganz so einfach ist es aber beileibe nicht, schließlich sollte man sich stets vor Augen halten, dass jeder noch so kaputte Süchtige mal ein gesunder Mensch war und sicher nicht vorhatte, sein Leben derart gegen die Wand zu fahren. Auch, wenn es zweifelsohne Faktoren gibt, welche negatives Suchtverhalten begünstigen, ist das alte und leider oft heute noch vorherrschende Denkmuster, nur willensschwache Menschen würden abhängig werden, medizinisch längst widerlegt. Diese Krankheit macht definitiv vor niemandem halt – sie zieht sich gnadenlos durch alle Kulturkreise, Bildungsgrade und Gesellschaftsschichten. Wenn man so will, ist Sucht ein als guter Freund getarnter Teufel, der sich langsam in deinen Kopf schleicht und dir eine wundervolle, neue Welt offenbart, die zunächst so unheimlich lebenswert erscheint. Doch hängst du erst mal am Haken, beginnt ein zermürbender, leidvoller Kampf, bei dem der Verstand gegen das unstillbare Verlangen antritt und das eigene Ich infrage gestellt wird. Dann hast du einen, in den tiefsten Ecken deiner Gedanken, lauernden Feind, der all deine Verhaltensweisen kennt und sich von den verborgensten Sehnsüchten der Seele nährt. Bei so einem manipulativen und intriganten Gegner ist eine Niederlage praktisch vorprogrammiert. Es stellt sich also nur die Frage, ob man immer verliert oder eines Tages die Fesseln sprengen kann. Keine Sorge – ich weiß, wovon ich rede! Meine Geschichte baut nicht auf Annahmen oder losen Halbwahrheiten, nein, sie basiert auf den Erfahrungen jahrzehntelanger, hochgradiger Glücksspielsucht, die von exzessivem Drogenkonsum komplementiert wurde. Auf meinem Weg, der mich durch halb Deutschland führte, lernte ich alle noch so hässlichen Aspekte der Abhängigkeit kennen und blieb dennoch stets ein Unbelehrbarer. Ob nun Beschaffungskriminalität, langjährige Haftstrafen, die aufkommende Techno-Szene in den 90ern oder unzählige Therapien – nichts davon beeindruckte mich. Ich war ein Getriebener, der sich schnell effiziente Überlebensstrategien aneignete. Kurz gesagt, ich log und betrog nach Belieben, um meine Sucht zu finanzieren, was sich erstaunlich einfach gestaltete. Ausreden gehörten zu meinem täglichen Handwerk, das ich aus dem Effeff beherrschte. Ich könnte ganze Doktorarbeiten darüber verfassen, wie man sich, mit etwas Schlitzohrigkeit, über Wasser hält und aus jeder unangenehmen Situation befreit. Aber, darum geht es hier nicht! Fakt ist, dass mich weder harte Repressalien noch gut gemeinte Hilfestellungen von meiner Sucht abhielten, sondern ein innerer Impuls vonnöten war. Hätte ich diese Entscheidung schon früher getroffen, wäre mir viel Leid erspart geblieben. Also zeige ich dir, wie ich es geschafft habe, nach einer langen, teilweise sehr beschwerlichen

Reise, mehr oder weniger plötzlich glücksspielfrei und abstinent geworden zu sein. Ich selbst konnte nie viel mit diesen dogmatischen und realitätsfremden Ratschlägen anfangen, die dir z. B. in der Therapie eingetrichtert werden. Schon allein deshalb bin ich überzeugt, dass der ungefilterte Erfahrungsbericht eines ehemaligen Schwerstabhängigen, für Betroffene und Angehörige, von weit größerem Nutzen ist. Und auch, wenn du nie von diesem Thema tangiert wurdest, erwartet dich in jedem Fall eine, unterhaltsame und teilweise haarsträubende Story. Die besten Geschichten schreibt eben immer noch das Leben selbst. Meine begann in Brandenburg an der Havel, in der ehemaligen DDR, wo ich am 21. 10. 1976 als Einzelkind zur Welt kam. Mutter hatte mich schon mit 17 bekommen und war nur kurze Zeit mit meinem leiblichen Vater zusammen. Da die beiden nie heirateten, kam ich sozusagen als Bastard zur Welt. Skurrilerweise erfuhr er ausgerechnet während einer Haftstrafe von der Schwangerschaft, als ihm Mama bei einem Besuch ihren Bauch präsentierte. Man könnte sich, weiß Gott, romantischere Orte ausmalen, um so eine frohe

Botschaft zu verkünden. Aber meine Eltern waren eben noch extrem junge Leute, die – trotz der vermeintlich kompromisslosen Reglementierung des Staates – gehörig über die Stränge schlugen. Da in der DDR für die breite Masse keine anderen Substanzen vorhanden waren, begnügte man sich eben mit Alkohol. Der spielte im Leben meiner Mutter leider eine entscheidende Rolle – sie war Quartalstrinkerin. Auf Perioden völliger Abstinenz, meist 1 bis zu zwei Monate, folgten also – von Dauersuff geprägte – Absturzphasen. Die Propaganda des DDR-Regimes, welche Suchterkrankungen zum Problem des Westens erklärte, war natürlich vollkommener Schwachsinn. Im Osten wurde wohl noch viel mehr gesoffen, als jenseits des Eisernen Vorhangs – man denke nur an die russische Trinkfestigkeit. Saufen hatte ja, neben FKK, schon fast den Status eines Volkssports. Eine alkoholkranke Mutter bot natürlich nicht die allerbesten Voraussetzungen für eine Kindheit wie aus dem Bilderbuch. Davon konnte nun wirklich keine Rede sein. Nach der Trennung von Papa hatte meine Mama immer wieder mal neue Freunde, die auch bei uns einzogen.

Während im Wohnzimmer ausgelassene Trinkgelage stattfanden, war ich größtenteils auf mich alleine gestellt. Liebevolle Fürsorge, die andere als selbstverständlich erachteten, kannte ich nur aus Erzählungen. Vom leckeren Frühstück am Morgen, über tolle Ausflüge oder pünktliches Mittagessen, bis hin zum entspannten Familienabend und der anschließenden Gutenachtgeschichte – davon konnte ich nur träumen. Meine Mutter dagegen sorgte lediglich für das Notwendigste, ließ aber elementare Erziehungsinhalte gänzlich vermissen. Obwohl ich oft sah, wie sich Mama mit ihren Typen fetzte, blieb ich glücklicherweise selbst von Gewalt verschont. Nur einmal gab mir einer dieser Macker eine kräftige Backpfeife, sodass ich gegen die Waschmaschine krachte. Doch, ehe er einen, weiteren Schritt machen konnte, schnappte sich Mama ein Messer, stellte sich vor mich und keifte ihn an. Da war für den Idioten auch Feierabend. Meine Mutter, die sich generell nichts gefallen ließ, setzte ihn umgehend vor die Tür. Handgreiflichkeiten mir gegenüber waren für sie dann doch ein absolutes No-Go. Rückblickend habe ich auch gar keinen Zweifel am guten

Willen meiner Mama. Sie war eben noch viel zu jung, unreif und zu sehr mit ihrem Alkoholismus beschäftigt, um ein Kind angemessen zu erziehen. Darunter litt auch die Körperhygiene, da nicht im Geringsten darauf geachtet wurde, ob ich mich nun ordentlich wasche oder mir regelmäßig die Zähne putze. So lief ich meist völlig verdreckt in alten Klamotten herum, was nicht nur den Nachbarn auffiel. In der Schule waren die Lehrer regelrecht schockiert ob meines verwahrlosten Erscheinungsbilds. Da brauchte man sich auch nicht zu wundern: Wenn du abends ungewaschen – ohne vernünftiges Essen – ins Bett fällst, kaum wach in deine müffelnden Fetzen schlüpfst und schlaftrunken zur Schule torkelst, siehst du eben nicht sonderlich fit aus! Nur zu oft wurde ich von den Lehrern nach Hause geschickt. Ich sollte erst wiederkommen, wenn ich ausgiebig geduscht und etwas Anständiges gegessen hatte. Und Schule in der DDR war nun wirklich weitaus strenger als im Westen – da konnte man nicht einfach mal blaumachen. Es mag also etwas heißen, wenn dich diese regimetreuen und auf Drill getrimmten Lehrkräfte vom Unterricht entbanden.

Aber bei den chaotischen Zuständen zu Hause war das ein sinnloses Unterfangen – meine Mutter war einfach nicht in der Lage, sich auch nur halbwegs um mich zu kümmern. Irgendwann mussten die Lehrer eben höchst widerwillig hinnehmen, dass ich aussehe wie ein abgehalfterter Schornsteinfeger. Schließlich konnte man mich nicht ständig heimschicken. Für mein Selbstbewusstsein war das selbstredend nicht besonders förderlich. Wenn dir als Einziger in der Klasse suggeriert wird, bei deiner Familie stimme etwas nicht, machst du halt keine Freudensprünge. Die Realität meiner Mitschüler und Freunde, die umsorgt und behütet wurden, hatte ganz offensichtlich überhaupt nichts mit der meinen gemein. Beim Spielen erzählten mir Kumpels oft, sie hätten Mama mal wieder – mit einigen kaputten Gestalten – in der Stadt gesehen, wo sie sich hemmungslos die Kante gab. Aber auch ich selbst registrierte schnell, dass meine Mutter wohl ein großes Problem hatte – bisher konnte ich ihre Zustände nur noch nicht richtig einordnen. Eindrücke, wie eine Wohnung voller leerer Schnapsflaschen, ausufernde Trinkgelage oder das wirre »Gelalle« von

Besoffenen gehörten für mich schon immer zum Alltag. Als Kind denkt man ja zunächst, das alles sei normal! Damit war es nun jedoch vorbei. Nachdem sich die Berichte, über Mamas Eskapaden häuften und ich anfing, ihr Benehmen zu hinterfragen, ergab vieles einen Sinn. Wenngleich ich Mama durchaus lieb hatte, musste ich akzeptieren, dass sie Vollalkoholikerin war und sich unser Familienleben fernab einer idyllischen Bienchen-Blümchen-Welt bewegte. Eine recht bittere Pille für ein Grundschulkind!

Schon damals begann ich, eine, grundsätzliche Abneigung gegen den Alkoholkonsum zu hegen – dessen fatale Auswirkungen mir ja tagtäglich vor Augen geführt wurden. Wer im Übermaß trinkt, gibt einfach seine Verantwortung und Kontrolle ab, davon bin ich heute noch überzeugt. Außerdem ist es doch erschreckend, welche unkritische, positive Einstellung wir – gerade in Deutschland – zu dieser harten Droge haben. Ja, richtig gelesen: Eine harte Droge – jeder kompetente Mediziner wird dir das bestätigen! Allein die Zahlen in der BRD sprechen da eine klare Sprache. Über 70.000 Menschen sterben jährlich an Alkoholmissbrauch, was die ca. 1800 Drogentoten bei Weitem übertrifft. Diese traurige Bilanz stellt sogar die geschätzten 16.000 bis 58.000 Menschen, welche an Medikamentenabusus oder unerwünschten Arzneimittelwirkungen versterben, »in den Schatten«. Alkohol ist einfach pures Nervengift, mit verheerenden Konsequenzen für Körper und Psyche. Das tut dem Hype um Deutschlands Lieblingsdroge aber keinen Abbruch. Während wir häufig dazu neigen, jeden zu diskreditieren, der einen Joint raucht oder stärkere, illegale Drogen konsumiert, scheinen die Akzeptanz und sogar das Feiern von Alkohol in unserer Gesellschaft ganz selbstverständlich zu sein. Ein auffälliges Beispiel für diese Doppelmoral ist das Bundesland Bayern, wo eine besonders restriktive Nulltoleranzpolitik gegen Drogen herrscht und Konsumenten regelrecht stigmatisiert werden. Gleichzeitig haben sie aber eine stolze Biertradition und natürlich das Oktoberfest, welches doch einer einzigen exorbitanten Drogenparty ähnelt. Wie kontraproduktiv sich eine derart harte Drogenpolitik auswirkt, zeigen die ernüchternden Zahlen. Bayern liegt bei den Drogentoten an zweiter Stelle, hinter NRW, obwohl der Freistaat fast fünf Mio. Einwohner weniger hat. Auch nördlich des sogenannten Weißwurstäquators gibt es eine fragwürdige Tendenz bei der Wahrnehmung und Bewertung von Drogen – zu denen der Alkohol nun mal genauso gehört, wie z. B. Cannabis, Amphetamin, Kokain oder Heroin. Ganz nach dem Motto: »Säuft sich ein Jugendlicher die Birne voll, nennt man das Feiern. Kotzt er sich dann die Seele aus dem Leib, bleibt eine lustige Erinnerung. Fängt jedoch einer zu kiffen an, schmeißt im Club gar ein Teil oder zieht eine Nase, ist er auf direktem Weg zu den Junkies im Bahnhofsviertel!« Stichwort Einstiegsdroge! Die gibt es natürlich, aber sie trägt nach wie vor den Namen Alkohol. Streng genommen könnte man sogar Nikotin oder Koffein anführen, doch sicher nicht THC. Die Trinkerei steht auch in direkter Verbindung zur Spielsucht, da 50 % der Betroffenen alkoholabhängig sind. Dann spricht man von einer Komorbidität. Keineswegs will ich hier eine Lanze für illegale Substanzen brechen, das wäre ja kompletter Blödsinn. Ich finde es nur höchst paradox, mit welcher Akzeptanz wir dem Alkoholkonsum begegnen, obwohl seine desaströsen Effekte, auf Gesundheit und Gesellschaft, offensichtlich sind. Wenn du in deiner Kindheit von Alkoholikern umgeben bist, wirst du eben ganz automatisch für diese Thematik sensibilisiert.

Die Sucht meiner Mutter brachte auch abseits des Familienlebens gehörige Probleme mit sich – insbesondere bei der Arbeit. Sie war Angestellte in einer großen Metallbeizerei, was sich als Quartalstrinkerin nicht gerade einfach gestaltete. Hatte sie mal wieder zu viel gesoffen, um halbwegs aufrecht in der Halle zu stehen, musste eine »adäquate« Lösung gefunden werden. Und da kam klein Mario ins Spiel! In der DDR gab es ja die gesetzliche Regelung, dass nur ein Elternteil Schicht arbeiten durfte, damit stets jemand für das Kind da ist. Zudem wurden Alleinerziehende von der Arbeit befreit, wenn der Sprössling krank war. Dafür bedurfte es natürlich einer ärztlichen Krankschreibung. An sich eine durchaus sinnvolle Regel – welche von Mama jedoch gnadenlos ausgenutzt wurde. »Mario, mach hinne', wir gehen zum Arzt! Ich kann heut' nicht in die Maloche! Heut' bist du mal krank – verstanden?«, raunte mir Mama morgens völlig verkatert entgegen. Auf dem Weg zur Poliklinik erfand sie noch schnell eine passende Krankheit und wies mich an, die Symptome möglichst glaubwürdig vorzuspielen. Übelkeit, Kopfschmerzen und Grippe gehörten zu den Klassikern – eben alles, was nicht direkt messbar war. Da ich, als lieber Junge, meine Mama stolz machen wollte, lieferte ich stets eine, überzeugende Darbietung ab. »Da hast'e dir ja ordentlich ‚wat' eingefangen, Mario. Bleib ‚ma' besser zu Hause und kurier ‚dick' aus. Die Mama guckt, dass'de rasch wieder gesund wirst!«, hieß es dann vom guten Onkel Doc, der im Leben nicht an eine Täuschung gedacht hätte. Gezwungenermaßen wurde ich also zum Simulanten und hatte im Handumdrehen Mamas begehrte Krankschreibung in der Tasche. Diese Nummer musste ich des Öfteren abziehen, wobei Mama natürlich ein Augenmerk darauf hatte, nicht zu häufig zum gleichen Arzt zu laufen. Dank meiner Einlagen durfte sie also zu Hause bleiben. Das klappte jedes Mal! Anstatt sich aber um mich zu kümmern, wurden – in illusterer Gesellschaft – die nächsten

Pullen gelehrt. Du kannst dir wahrscheinlich vorstellen, welch zweifelhaften Einfluss dieses Verhalten auf einen kleinen Jungen hatte. Diese Arztbesuche waren tatsächlich meine ersten Lehrstunden, wie man sich – ohne mit der Wimper zu zucken – aus einer unangenehmen Situation befreit. »Wenn dir was nicht passt, schmier die Räder und fertig! Den Leuten einfach ein -X- vorm -U- machen«, lautete die Quintessenz für mich. Diese neuentdeckten Betrügerqualitäten kamen mir auch in der Schule zugute, wo meine Leistungen immer weiter absanken. Mama scherte sich eben nicht darum, ob ich die Hausaufgaben gewissenhaft erledigte. Von Unterstützung beim Lernen ganz zu schweigen! Wenn dann aber schlechte Einträge der Lehrkräfte in meinem Schulheft landeten, die von ihr unterschrieben werden sollten, echauffierte sie sich plötzlich. Nach den ersten Standpauken war mir klar, dass man hier Abhilfe schaffen musste. Anstatt jedoch mehr zu lernen, wählte ich den einfacheren Weg. Also besorgte ich mir Dutzende Ersatzhefte, die den Originalen angepasst wurden. Hatte ich mal wieder negative Vermerke, fälschte ich eben Mamas Unterschrift, welche ich perfekt beherrschte. Sie bekam dagegen nur die einwandfreien Kopien vorgelegt. Und schon war das Problem gelöst! So hatte ich bereits in der dritten Klasse ein riesiges Arsenal an »aufgepimpten« Heften, die ich stets unter der Matratze versteckte. In meiner ganzen Schulzeit schöpfte nie ein Lehrer Verdacht, es könne nicht die echte Signatur sein. Da die Mogeleien von Erfolg gekrönt waren, sah ich auch keinen Grund, irgendetwas zu ändern. Ganz im Gegenteil! Ich empfand es eher als Ermutigung, mich doch aus jeder künftigen Zwangslage herauswinden zu können, wenn ich nur mit genügend Kaltschnäuzigkeit agierte. Eine Einstellung, die mein weiteres Leben maßgeblich prägen sollte! Abseits der überwiegend vorherrschenden »Alkoholiker-Tristesse« gab es jedoch auch durchaus schöne Momente in meiner Kindheit. Wenn Mama ihre Abstinenzphasen hatte und ihren »Mutter-Film« schob, war sie die netteste Frau der Welt. Leider wusste ich nur allzu gut, welches Muster sich hinter ihrem Stimmungswandel verbarg. Deshalb konnte ich jenes »Friede-Freude-Eierkuchen-Gehabe« auch nicht wirklich ernst nehmen. Die ausgelassene Zeit, die ich mit meinen Cousins und Cousinen verbrachte, blieb dagegen ohne faden Beigeschmack. Mamas Schwester und ihr Bruder Volkmar hatten ja auch Kinder, sodass jedes Familientreffen den Charakter einer echten »Quality Time« hatte. Wir waren einfach eine eingeschworene Clique, die durch Pech und Schwefel ging. So abgedroschen es auch klingen mag, aber im Osten herrschte tatsächlich ein extrem enger Zusammenhalt. Nicht nur unter Familienmitgliedern! Ob nun »DDR'ler«, Rumänen oder Russen – in dieser Hinsicht wird dir jeder Ex-Sowjetbürger das Gleiche berichten. Unter diesem erdrückenden Regime erwuchs eben eine einzigartige Solidarität – ein fast unbeschreibliches Gemeinschaftsgefühl, das in Weststaaten nur selten zu finden war. Bei den Treffen mit meinen Cousins und Cousinen, erfuhr ich zum ersten Mal, wie idyllisch eine Familie eigentlich sein kann. Für mich waren diese unbeschwerten Spielereien wie Urlaub vom altbekannten, täglichen Wahnsinn. So schöpfte ich enorme Hoffnung, als meine Mama ihren zweiten Ehemann kennenlernte, der sich gänzlich von seinen Vorgängern unterschied. Micha war ein cooler Typ und – im Gegensatz zu den anderen Schießbudenfiguren – auch ernsthaft an mir interessiert. Wir hatten sofort einen Draht zueinander und verstanden uns prima, weswegen ich ihn schnell als echte Vaterfigur akzeptierte. Mit Micha kehrte ein völlig neuer Wind bei uns zu Hause ein, der mich glauben ließ, dass ein geordnetes und glückliches Familienleben auch mir vergönnt sein könnte. Eine Weile lang sah es wirklich danach aus, als würde sich dieser Wunsch erfüllen. Wenn es unter all den Männern meiner Mutter jemanden gab, der als Vorbild taugte, dann ganz sicher Micha. Er ging gewissenhaft seiner Arbeit nach, unterstützte mich sogar in der Schule und hatte auch auf Mama einen, positiven Einfluss. Micha war wie ein Kumpel für mich und vermittelte mir nie geahnte Stabilität in meinem Leben. Ich entwickelte sogar einen gewissen Enthusiasmus, was eine von nun an bessere Zukunft betraf. Aber da hatte ich die Rechnung ohne meine Mutter gemacht, deren wahnwitziges Verhalten mich schnell wieder auf den harten Boden der Tatsachen zurückholen sollte. Eines Tages passte Micha, der extra meinetwegen zu Hause geblieben war, auf mich auf, damit meine Mama – gemäß der geltenden Regelung – arbeiten gehen konnte. Als sie abends, lange nach Feierabend, immer noch nicht heimkam, dämmerte mir schon, dass hier wieder irgendeine Scheiße läuft. Irgendwann wurde es auch Micha zu bunt. Kurzum rief er uns ein Taxi und machte sich mit mir auf den Weg, um meine Mutter zu suchen. Wir klapperten all ihre Stammkneipen ab, ebenso wie die Wohnungen bekannter Saufkumpanen. Nachdem Mama nirgends zu finden war, fuhren wir zu Klaus – Michas »bestem« Freund. Eigentlich wollte Micha nur wissen, ob er irgendeine Ahnung hat, wo sich seine Frau herumtreibt. Doch kaum die Türe aufgemacht, offenbarte sich ein fragwürdiges Szenario, mit dem wir nie gerechnet hätten. Mama und Klaus – beide längst im Alkoholdelirium – saßen von unzähligen Flaschen umringt auf der Couch und blickten uns mit klassischen »Suffaugen« entgegen. Micha, der zunächst gar nicht wusste, wie ihm geschah, wurde natürlich stinksauer. Völlig zurecht! Während er brav auf mich aufpasste und sich Sorgen machte, hatte Mama nichts Besseres zu tun, als sich mal wieder abzuschießen. Obendrein noch mit seinem besten Kumpel! Mutters hysterische Erklärungsversuche, welche eher einem verwaschenen »Gelalle« glichen, machten die Situation nicht gerade besser. Aber von Einsicht keine Spur! Stattdessen lieferte sie sich ein wildes Wortgefecht mit Micha und knallte ihm alle möglichen Schimpfwörter an den Kopf. Ich dagegen konnte nur fassungslos daneben stehen und mich mit dem Gedanken anfreunden, dass Micha wohl aus meinem Leben verschwinden würde. So war es dann auch! Doch Mutter hielt noch eine kleine Überraschungsaktion bereit, die es wirklich in sich hatte. Da Mama nicht zu Micha in die Wohnung wollte, zog sie es vor, in eine alte Gartenlaube zu flüchten, welche sich auf dem Grundstück eines Freundes befand. Etwas Abgefuckteres hätte ihr gar nicht einfallen können! Sorry, aber manchmal muss man die Dinge einfach beim Namen nennen. Mamas rücksichtsloses Verhalten war schlichtweg zum Kotzen! Nicht nur, dass sie – aus einer Laune heraus – meine Bindung zu Micha zerstörte. Das war ja nicht genug. Sie hielt es auch noch für eine gute Idee, mich aus einer vernünftigen Wohnung zu reißen und in ein stinkendes Drecksloch zu schleppen. Wir hausten jedoch keinesfalls allein in dieser maroden Baracke – nein, nein. Mama war nun mit Klaus zusammen, der ebenfalls in der Gartenlaube wohnte. Außerdem hing bei uns stets eine Horde von Suffköpfen herum, die sich entweder lallend in den Armen lagen oder aufeinander einschlugen. Die Crème de la Crème der Schluckspechte, wenn man so will. Nicht unbedingt die ideale Umgebung für einen Neunjährigen, um es mal vorsichtig auszudrücken. Eigentlich wollte Mama nur so lange bleiben, bis Micha ausgezogen war – was aber ganze eineinhalb Jahre dauerte. Während ich mich dort in einem verschrobenen Paralleluniversum wähnte, war diese abgewrackte Gartenlaube für Mutter die optimale Location, um sich ungestört dem Suff hinzugeben. »Unpassende« Fragen, wie z. B. »ist das die richtige Gesellschaft für ihren Sohn?«, wurden da ganz sicher nicht gestellt. Obwohl kaum möglich erscheinend, nahm die Vernachlässigung immer mehr zu. Zwischen all den Schnapsleichen war ich größtenteils mir selbst überlassen, was auch von öffentlicher Seite registriert wurde. Das kam nicht sonderlich überraschend – immerhin sprangen einem die unhaltbaren Zustände förmlich ins Auge. Also dauerte es nicht lange, bis das Jugendamt auf der Matte stand, welches wohl einen Tipp von der Schule bekommen hatte. Es war jedoch kein unangekündigter Besuch. So hatte Mama noch die Gelegenheit, die Bude halbwegs auf Vordermann zu bringen und insbesondere den »Alkoholikertrupp« (vorübergehend) wegzuschicken. Bei solchen Anlässen blieb sie natürlich nüchtern und zeigte sich von ihrer besten Seite. Da kam wirklich niemand auf den Trichter, dass gerade eine Alkoholikerin vor ihm steht. Hätten die Leute vom Jugendamt auch nur die geringste Ahnung gehabt, was in dieser Gartenlaube tatsächlich abgeht, wäre ich keine Minute länger dortgeblieben. So viel ist mal sicher! Wenngleich Mama versuchte, die Lage herunterzuspielen und Besserung gelobte, hatten die Beamten dennoch Zweifel. Am Ende überließen sie mir die Entscheidung und fragen mich, ob ich ins Heim möchte oder doch lieber hierbleibe. Auch wenn man mir versicherte, dass ich im Kinderheim sicher viele Freunde finden würde und dort gut für mich gesorgt wäre, lehnte ich dankend ab. Tief in mir hing ich eben doch an meiner Mama. Heute bereue ich meinen Entschluss zutiefst – da das Heim nun mal die vernünftigste Alternative gewesen wäre. Dort hätte man sich wenigstens um mich gekümmert! Im Nachhinein bist du leider immer schlauer. Als Konsequenz musste ich eben weiter in dieser Gartenlaube bleiben, wo mir tagtäglich kaputte Gestalten mit ihrem Suffgelaber in den Ohren lagen. Ich versuchte, mich weitgehend davon abzugrenzen, da mir dieses aufdringliche Gehabe gehörig auf die Nerven ging. Langsam erkannte ich auch einen gewissen Vorteil darin, ständig von Alkoholikern umgeben zu sein, die bis zur Besinnungslosigkeit saufen. »Wenn'de dir den Stuss schon geben musst, kannst'de auch davon profitieren!«, schoss es mir durch den Kopf. Gedacht, getan! Sobald irgendwann alle völlig Banane waren und komatös einschliefen, schlich ich mich unbemerkt heran, um ihre Brieftaschen zu erleichtern. Zielstrebig, wie eine Brieftaube, sammelte ich meine »Gaben« ein. Vor dem Hintergrund, dass ich das Geld tatsächlich als eine Art Entschädigungssteuer betrachtete, hatte ich auch keine Gewissensbisse. »Scheiße, wo ist denn meine Kohle?«, schallte es am nächsten Morgen, wie aus einem, einstimmigen Chor. Bevor sich die Bande gegenseitig beschuldigen konnte und aufeinander eindrosch, klärte ich natürlich gerne auf: »Na, sagt mal, wisst ihr ‚det' nicht mehr? Ihr habt doch euer ganzes Geld versoffen!« Bestanden noch geringe Zweifel, überzeugte ich sie mit erfundenen Details. Da wurde mir schlagartig bewusst, welche Macht der Suggestion innewohnt: Trage eine Story nur plausibel bzw. beeindruckend genug vor und dir wird geglaubt! Man würde sich ja wundern, wie viel Kohle die Leute dabeihatten. Einmal sackte ich ganze 1600 DM ein! So ergab sich aus diesen düsteren 1½ Jahren wenigstens ein beachtlicher finanzieller Gewinn. Nachdem wir die Gartenlaube endlich verließen und wieder in eine Wohnung zogen, heiratete Mama ihren Klaus. Ich war jedenfalls heilfroh, diesen ganzen Mist hinter mir zu wissen. Bis auf die Umgebung hatte sich aber leider nicht viel geändert. Zwei alkoholkranke Menschen, die ständig aufeinander hocken, befeuern sich eben meist in ihrer Sucht. Mir standen Mamas Alkoholkonsum und alle Begleiterscheinungen – die zur Genüge vorhanden waren – schon bis oben hin. Von lustig, überdreht, über teilnahmslos und ignorant, bis zu aggressiv herumschreiend – ich erfuhr ja alle Launen hautnah. Einen willkommenen Ausweg boten mir Sportarten wie Boxen und Ringen, in denen ich mich als durchaus talentiert erwies. Zeitweise war ich da wirklich mit Begeisterung dabei. Da ich aber nie richtig gefördert wurde und sich auch niemand für mein Hobby interessierte, flachte das Interesse rasch wieder ab. Außerdem offenbarte sich mir mit 13 eine abenteuerliche, neue Welt, welche den mickrigen Endorphinausstoß durch den Sport um ein Vielfaches übertraf. Bei den meisten Jugendlichen sorgt in diesem Alter die erste Erfahrung mit dem anderen Geschlecht für unverhoffte Höhenflüge. Doch auch in dieser Beziehung wich ich etwas von der Norm ab. Noch ehe ich einen einzigen Gedanken an Mädels verschwendete, trat das Glücksspiel in mein Leben. Man könnte auch sagen, meine erste große Liebe war der Spielautomat. Eine recht anspruchsvolle, zickige und vor allem kostspielige Geliebte, die ich nicht unbedingt weiterempfehlen kann. Egal, wie zuvorkommend und nett du auch bist, sie wird dir die Hosen ausziehen! Aber eins nach dem anderen. Mama bekam zunehmend ein schlechtes Gewissen, wenn sie auf ihren Sauftouren war, während ich alleine zu Hause rumhing und mich langweilte. Also nahm sie mich in ihre Lieblingskneipe mit, wo – nach der Wende – die ersten Spielautomaten Einzug hielten. Im Osten gab es ja bis dato noch keine Daddelkisten – zumindest nicht jene elektrischen, kommerziellen Dinger, welche man aus Spielhöllen kennt. Mama beim Trinken zusehen und dem Gequassel der Alkis lauschen, hatte für mich natürlich weniger Reiz. Mein Interesse galt sofort diesem futuristisch anmutenden Gerät, dessen aufblinkende Lichter und eingängige Melodien mich geradezu magisch anzogen. Allein der Anblick machte gewaltigen Eindruck auf mich. Für einen 13-jährigen Steppke war das natürlich Abenteuer pur – als stünde man einem hochkomplexen Apparat aus einer fernen Science-Fiction-Welt gegenüber. Meine Mama bemerkte, wie ich – von unserem Tisch geradezu gebannt – zum Automaten stierte, wo gerade ein Typ am Daddeln war. Also fragte sie ihn, ob er mich nicht auch mal ranlassen könnte. Söhnchen Mario sollte ja keine Mätzchen machen und beschäftigt sein, damit sie in Ruhe bechern konnte. Der Kerl hatte nichts dagegen – ich durfte sogar seine 30 Pfennig als Startkapital verwenden. Voller Begeisterung setzte ich mich an den Automaten, sozusagen in mein persönliches Cockpit. Kaum hatte ich die Münzen eingeworfen, startete ein adrenalinerfüllter Blindflug. Ein prickelnder Kampf: Mario vs. Maschine! »Rumble« in Brandenburg, um in der Boxersprache zu bleiben. Nachdem ich die ersten Freispiele ergattert hatte, war mir auch die Aufmerksamkeit der Kneipengäste sicher. »Spitze Mario! Hast'e ja toll gemacht. Weiter so, Junge!«, feierten sie mich an. Ich glaube, jeder kennt dieses überschwänglich nette Gelaber von Betrunkenen, wenn sie eben gerade einen guten Film schieben. Derart frenetisch bejubelt zu werden, suggerierte mir selbstredend, dass ich wohl ein besonderes Talent fürs Spielen habe. Mit entsprechendem Eifer wurde weitergezockt – schließlich wollte ich meine »Fans« nicht enttäuschen. Das Aufblitzen der Leuchtdioden und das Geräusch des

Applauses , welches nach einem gewonnenen Spiel ertönte, ließen mein Herz vor Freude schneller schlagen. Diese konditionierenden Effekte gingen mir einfach durch Mark und Bein. Total aufs Zocken fokussiert, schien es, als wäre ich von meiner Umgebung abgekapselt. Wie ein Rennfahrer im Formel-1-Wagen wähnte ich mich regelrecht in einem anderen Universum – vernahm nur noch das Anfeuern der Alkis. Umringt von Bierkrügen, Schnapsgläsern und gescheiterten Existenzen katapultierte mich das Drücken dieser Knöpfe aus meinem tristen Alltag hinaus. Stattdessen schoss ich in nie für möglich gehaltene Sphären, in denen sich ein Erfolg an den nächsten reihte. Ein wahres Dopaminfeuerwerk brannte in meinen Synapsen ab und ich genoss dieses erhabene Rauschgefühl, in vollen Zügen. Da ich mir 50 Freispiele »erzockt« hatte, musste ich praktisch kein Geld nachwerfen. »Für die paar Kröten, so ein gewaltiges Vergnügen? Ist ja zu schön, um wahr zu sein!«, waren meine Gedanken. Hätte mich Mama nicht gedrängt, nun endlich wieder den Kollegen spielen zu lassen, wäre ich den ganzen Tag an der Kiste geblieben. Am Ende fügte ich mich nur höchst widerwillig, aber wohlwissend, dass ich meine neue »Liebe« bald wiedersehen würde. Für meine »sagenhafte Leistung« bekam ich sogar eine beachtliche Gage! Durch mich hatte der Kerl immerhin 50 Freispiele erhalten, weswegen ich ganze 5 Mark als Belohnung erhielt. Ich war angefixt, daran bestand überhaupt kein Zweifel. Als naiver Pubertierender, der bisher nicht mal ein Mädchen geküsst hatte, konnte ich natürlich nicht ahnen, auf welch gefährlichen Pfad ich mich begebe. Vom Antizipieren der Risiken ganz zu schweigen. Tatsächlich war dieses erste Zockerlebnis der entscheidende Knackpunkt in meinem Leben. Absolut ahnungslos hatte ich gerade die Eintrittskarte für eine lange und ausschweifende Suchtkarriere gelöst. Der erste kleine, aber ausschlaggebende Schritt, hin zur späteren ICD-Diagnose F 63.0 – welche pathologisches Glücksspielen beschreibt. Ja, auch die Zockerei ist eine von der WHO, anerkannte Krankheit! Generell sind unter dem ICD-Schlüssel F 63 abnorme Gewohnheiten und Störungen der Impulskontrolle aufgelistet, zu denen auch Pyromanie – also Brandstiftung – gehört. Davon konnte bei mir,

Gott sei Dank, keine Rede sein. Mich interessierte nur ein Feuerwerk, und zwar das Glücksspiel! Diese Kneipe wurde schnell zu meinem Mekka, das ich – mit geradezu schlafwandlerischer Sicherheit – regelmäßig aufsuchte. Wann immer ich ein paar Mark in der Tasche hatte, fütterte ich den Automaten, der bald auch die ersten Gewinne ausspuckte. Anstatt gewöhnlicher Freispiele echten Zaster zu erbeuten, war noch mal eine ganz andere Hausnummer. Wenngleich es später wieder im Automaten landete und ich mit leeren Händen nach Hause stapfte – Geldgewinne fühlten sich einfach nur affengeil an. So dauerte es nicht lange, bis ich mir andere Lokale und Spielhöllen suchte, wo ich in Ruhe zocken konnte. Da die Besitzer alle meine Mutter kannten, gab es nie Probleme mit dem Einlass. Neben dem Gewinnerlebnis selbst brannten sich auch die Begleitreize tief in meinem Unterbewusstsein ein. Sei es das metallische Klingeln beim Ausspucken der Münzen, diese typischen Sound- und Lichteffekte oder eher unscheinbare Dinge, wie der Geruch in den Spielhöllen – oft reichten schon solche Kleinigkeiten, um mir einen Dopaminkick zu verschaffen. Der Ärger über die Verluste, währte meist nicht lange. Beim Zocken wurde er ohnehin gänzlich ausgeblendet – immerhin lockte ständig die Chance auf den nächsten Gewinn. Und allein diese Erwartungshaltung ließ einen angenehm süßen Botenstoffcocktail durch mein Gehirn rauschen. Hierbei spielt natürlich das Belohnungssystem eine tragende Rolle, auf welches ich später noch genauer eingehen werde. Im Grunde kann man das, anhand eines Beispiels rasch verständlich machen. Wenn du frisch verliebt bist und einem abendlichen Treffen mit deiner neuen Flamme entgegenfieberst, reicht doch alleine der Gedanke daran, um dich in Harmonie schwelgen zu lassen. Mit der Vorfreude auf ein leckeres Essen verhält es sich genauso! Multipliziere das mit dem Faktor 1000 und du hast eine leichte Vorstellung, was z. B. ein gerade abstinenter Kokser fühlt, wenn er an die verführerische nächste Line denkt. Obwohl ich von Pulver und anderen Drogen noch weit entfernt war, befand ich mich schon auf dem Schnellzug Richtung Glücksspielsucht. Diese Fahrt wäre wohl um einiges rasanter verlaufen, hätte meine Mama nicht einen dreimonatigen Alkoholentzug begonnen. Freiwillig kam der aber nicht zustande! Völlig besoffen schlugen sich Mama und Klaus abends mal wieder die Köpfe ein, weswegen ich zu meinem Onkel fuhr, um ihm Bescheid zu sagen. Volkmar erkannte sofort, dass man hier dringend intervenieren musste. Kurzerhand trennte er die betrunkenen Streithähne, schnappte sich meine Mama und fuhr sie – noch am selben Tag – persönlich in die Entzugsklinik. Meine Mama war natürlich überhaupt nicht begeistert – gegen den Willen ihres Bruders kam sie aber nicht an. Also startete eine dreimonatige stationäre Entgiftung. Klaus, der alleine wohl nicht klarkam, folgte ihr eine Woche später. Solange Mama dem Alkohol die Stirn bot, sollte ich bei meinem Onkel Volkmar bleiben. Also schlug ich bei der Familie meines Onkels auf, wo ich einen positiven Kulturschock erlebte. Volkmar, der ein extrem fürsorglicher und liebevoller Vater war, nahm mich vorbehaltslos bei sich auf. Mit seinen Kindern pflegte ich ohnehin ein sehr gutes Verhältnis, sodass mir das Einleben mehr als leicht fiel. Im Gegensatz zu meiner Mama hatte er nichts mit Alkoholismus am Hut und stand mit beiden Beinen fest im Leben. Er war einfach ein herzensguter Kerl, der mich einst schon bei der Jugendweihe meiner Cousine schockiert zur Seite nahm und mich erst mal unter die Dusche steckte – damit ich mich vor den Gästen nicht blamierte. Volkmar konnte gar nicht fassen, dass mich seine Schwester – also Mama – derart verwahrlosen ließ. In seinem Haus angekommen, wusch er zunächst meine stinkenden Klamotten und schickte mich in die Badewanne. Anschließend gab es dann ein wunderbares Abendbrot, das mir so noch nie vor die Augen gekommen war. Eine liebevoll angerichtete kalte Platte, Gemüsebeilagen und sogar eine Nachspeise – so etwas kannte ich nur aus der Werbung! Auch das fröhliche Tischgespräch, fernab von Alkoholgeruch und dichtem Gemurre, war ein echtes Erlebnis. Als es dann Zeit fürs Schlafengehen wurde, fiel mir aber komplett die Kinnlade runter. Wie allen seinen Kindern hatte Volkmar auch mir das Bett gemacht! Die frisch duftenden Laken schrien geradezu danach, sich entspannt hineinfallen zu lassen. Ich war fast paralysiert ob dieser herzlichen Fürsorge, welche nun auch mir zuteilwurde. Bei Mama konnte man von so einem Luxus nur träumen – da war ich schon zufrieden, wenn die Saufgelage relativ leise blieben und ich halbwegs ruhig einschlief. Bereits die ersten Wochen kamen einem erholsamen Urlaub gleich. So pudelwohl hatte ich mich noch nie bei jemandem gefühlt. Auch wenn es unter der Aufsicht meines Onkels gar nicht möglich gewesen wäre, verschwendete ich kaum Gedanken an das gerade entdeckte Glücksspiel. Ich werde auch nie vergessen, wie Volkmar durch Zufall auf meine zahlreichen Schummelhefte stieß. Als er sie beim Bettenmachen unter der Matratze sah, dachte ich: »Oje! Jetzt bist'de am Arsch – der verpasst dir n' gehörigen Einlauf!« Aber weit gefehlt! Zu meiner großen Überraschung reagierte er völlig vernünftig und blieb die Ruhe selbst. »Warum machst'e denn so was, Mario?«, fragte er freundlich. »Na, weiß auch nich' – meine Noten sind eben mies und wenn Mama die schlechten Einträge sieht, gibt's halt Stunk«, stammelte ich ganz verlegen. »Also Mario ‚det' brauchst'e doch nicht machen. Da musst'e dich nicht schämen! Wenn'de die Zensuren immer verheimlichst, kann man ja nix dran ändern! Aber da arbeiten wir ‚jetze' gemeinsam dran!«, meinte Volkmar mit einem, ermutigenden Lächeln. Gesagt, getan! Von nun an gab mir mein Onkel Nachhilfe, der auch umgehend erkannte, dass enormes Potenzial in mir schlummerte. Ohne diese latente Aggressivität, wie ich sie von Mama kannte, fand ich durchaus Gefallen am Lernen. Es bedurfte gar keinem großen Zeitaufwand oder stupider Büffelei, um voranzukommen. Vielmehr zeigte mir Volkmar auf, wie ich meine Möglichkeiten besser ausschöpfen konnte. Nach diesen drei Monaten hatte ich meine Zensuren in allen Fächern um zwei Stufen verbessert. Wer weiß, wie mein Leben verlaufen wäre, wenn ich bei meinem Onkel hätte bleiben können. Er erzog seine Kinder liebevoll und gewissenhaft und unterstützte sie in jeder Hinsicht. Ein besseres Elternhaus ist eigentlich kaum vorstellbar. Aber als die 3 Monate vorüber waren und Mama ihre Entgiftung erfolgreich beendet hatte, musste ich mich leider von Volkmar verabschieden. Auch Klaus ließ den Alkoholismus hinter sich, weswegen sich zu Hause eine neue Situation bot. Mit etwas medikamentöser Unterstützung – Distra sei Dank – blieben die beiden tatsächlich langfristig clean.

Vom Klammergriff des Alkohols befreit, blühten sie regelrecht auf und versuchten, eine heile Familienwelt zu schaffen. Darauf hatte ich aber so gar keinen Bock! Ihre Einsicht kam auch reichlich spät, da ich jene Aufmerksamkeit, mit der sie mich plötzlich überschütten wollten, doch in meiner Kindheit so dringend gebraucht hätte. So etwas lässt sich eben nicht mal im Vorbeigehen wiedergutmachen. Was Familienidylle betraf, war der Zug einfach längst abgefahren. Außerdem gab es nun das Glücksspiel in meinem Leben und da hatte ich gehörig Blut geleckt! Unsere Wohnung lag nicht weit vom Bahnhof entfernt, wo genügend mit Spielautomaten ausgestattete Etablissements auf mich warteten. Der Aufsicht meiner Eltern zu entkommen, stellte überhaupt kein Problem dar. Von Mama – die sich früher oft genug zum Saufen aus der Bude schlich – hatte ich ja gelernt, wie man unbemerkt ausreißt. Also verbrachte ich immer mehr Zeit an den Spielautomaten – in der steten Hoffnung, den nächsten Gewinn zu erzielen. Das Glücksspiel wurde zu einem Ausweg, um mir meine Kicks abzuholen und dem monotonen Leben zu entfliehen. Je tiefer ich in diese neue Welt eintauchte – in welcher Stunden wie Sekunden verflogen – desto größer wurde meine Faszination dafür. Schon allein das Drücken der Knöpfe oder das von triggernden Geräuschen begleitete Drehen der Walzen genügte, um meine Stimmung zu heben. Während die Realität zur Begleiterscheinung verkam, verlor ich mich nur allzu gerne in diesem aufregenden Kosmos voll aufflackernder Lichter und wohltuender Melodien. Jene Daddelklänge, die übrigens ganz bewusst so laut gestellt werden, dass sie Leute auf der Straße anlocken, waren Musik in meinen Ohren. So verging auch nicht viel Zeit, bis jede einzelne Mark in den Automaten landete und ich bei finanzieller Ebbe verzweifelt überlegte, wie ich an Geld herankam. Ohne den blassesten Schimmer schlitterte ich immer tiefer in ein klassisches Suchtverhalten. Wirklich glücklich war ich nur, wenn ich vor meinen mechanischen Freunden saß oder wusste, dass ich bald wieder zocken konnte. Einen totalen Absturz verhinderte wohl nur die Schule, um die ich mich auch noch zu kümmern hatte. Trotz unzähliger Fehltage und der Vernachlässigung durch die Zockerei, konnten sich meine Noten sehen lassen. Also beschloss ich, mit 15 von der Gesamtschule auf die Realschule zu wechseln, wozu natürlich eine Anmeldung vonnöten war. Meine Eltern hielten es wohl nicht für notwendig, sich darum zu kümmern, sodass ich es selbst in die Hand nehmen musste. Hätte ich die Anmeldung nicht völlig chaotisch einen Tag vor der Deadline eingereicht, wäre die Realschule flöten gegangen. Mein Interesse für die Realschule war aber nicht meinem Ehrgeiz geschuldet. Nein, dahinter verbarg sich pures Kalkül! Ich hatte gehört, dass dort – im Gegensatz zu Gesamtschule und Gymnasium – keine schriftliche Abschlussprüfung erfolgen würde, was sich tatsächlich bewahrheitete. Das Jahreszeugnis kam also einem erfolgreichen Realschulabschluss gleich. Schon in der 9. Klasse schrieb ich fünf Bewerbungen, wobei mein Augenmerk auf Betrieben lag, die möglichst weit entfernt waren. Ich hatte einfach die Schnauze voll von zu Hause und wollte etwas von der Welt sehen! Nachdem ich drei Einladungen zu Vorstellungsgesprächen erhalten hatte, entschied ich mich letztlich für eine Lehrstelle als Koch im Schwarzwald. Neustadt-Titisee hieß der Ort, an dem ich meine

Lehrjahre verbringen sollte. Die Betonung liegt auf „sollte"! Da ich ein Jahr vor Ende der 10. Klasse schon eine Zusage für die Ausbildung hatte, ging ich kaum noch zur Schule. Stattdessen widmete ich mich mit Hingabe der Zockerei, welche immer exorbitanter wurde. Eigentlich hätte meinen Eltern schon bei der Reise zum Vorstellungsgespräch ein Licht aufgehen müssen. Während Mama und Klaus in einem Hotel einquartiert waren, kam ich in meiner Lehrherberge unter. Von dort steuerte ich schnurstracks zur nächsten Kneipe, wo eben auch Spielautomaten standen. Ich war bereits eine Weile am Zocken, als ich plötzlich meine Eltern sah, die – ein paar Tische weiter – beim Essen saßen. Nachdem ich Ihnen eine Ausrede serviert hatte, warum ich hier war, war das Thema auch erledigt. Stundenlang schmiss ich meine Kohle hinein, was meine Eltern scheinbar nicht sonderlich ungewöhnlich fanden. Für meine Lehre war das definitiv kein gutes Omen! Mit 16 hatte ich dann meinen Realschulabschluss in der Tasche, worauf erst mal ein gewaltiger Spielexzess folgte. Aber meine Alten, die ja nun ihren »Heile-Welt-Film« schoben, registrierten gar nicht, was für einen alarmierenden Spieltrieb ich an den Tag legte. Mir war das nur recht – immerhin wartete nun das Abenteuer Titisee auf mich. Dort wohnte ich im Dachgeschoss meines Meisters, der sich als wirklich netter Kerl herausstellte. Anfangs war er auch hochzufrieden mit meiner Arbeit, da ich schnell lernte und mit vollem Elan in der Küche stand. Doch kaum brach der Feierabend an, hielt ich nach Kneipen Ausschau, in welchen es Automaten gab. Irgendwie konnte ich die Dinger schon von der Ferne riechen! Bald hatte ich meine Stammautomaten auserkoren, an denen ich – wie ein Irrer – meinen ganzen Lohn verzockte. So verlief meine Freizeit immer nach dem gleichen Schema: Waschen, Umziehen und auf zum Spielen! Aufgrund meiner mageren Statur war ich ziemlich mit Minderwertigkeitskomplexen vollgeladen, weshalb man mich nicht gerade als Frauenmagnet bezeichnen konnte. Umso überraschter war ich, als sich ein hübsches Mädchen für mich interessierte, mit dem ich – zwischen den »Spielpausen« – etwas Zeit verbrachte. Meine Jungfräulichkeit ließ ich also am Titisee! Doch nicht mal die Reize einer attraktiven Frau waren in der Lage, mein

Spielverlangen zu schmälern. Anstatt die Bindung zu festigen, woraus sich vielleicht eine tolle Beziehung ergeben hätte, ballerte ich mein Geld in die Spielautomaten. Da man mit einem kargen Lehrgehalt nicht weit kommt, war ich bei diesem teuren Hobby natürlich öfter pleite. Also kaperte ich meine Reserven, die ich eigentlich für das Ticket zur Berufsschule brauchte. Nachdem der Automat auch diese Kohle geschluckt hatte, verbarrikadierte ich mich – aus lauter Scham – drei Tage lang in meinem Zimmer. Dem Chef, der mich in der Berufsschule wähnte, sagte ich kein Wort. Irgendwann bekam er natürlich einen Anruf und stellte mich zur Rede. Aber da war es leider schon zu spät – ich wurde gefeuert! Wäre ich offen mit meinem Problem zu ihm gekommen, hätte ich vielleicht noch eine Chance gehabt. Mit der Arbeitsleistung war er ja absolut zufrieden. Abhängigkeit und Vernunft sind eben weit voneinander entfernt! Wegen meiner dummen Unehrlichkeit hatte er letztlich gar keine andere Wahl, als mir zu kündigen. Der Meister war sogar noch so freundlich, mir die Fahrkarte für die Heimreise zu bezahlen. Nach knapp drei Monaten fand meine eigentlich so vielversprechende Lehre am Titisee, also ein jähes Ende. Somit hatte die Glücksspielsucht bereits ihr erstes Opfer gefordert. Eines von vielen, die noch kommen sollten! Das ging natürlich komplett auf meine Kappe! Die Spielerei war längst über eine persönliche Leidenschaft hinausgewachsen und setzte sich wie ein wachsender Tumor in meinem Bewusstsein fest. Für die meisten wäre der Jobverlust wohl der nötige Schuss vor den Bug gewesen, um endlich zu erkennen, dass sie sich besser von Automaten fernhalten. Davon konnte bei mir keine Rede sein – ein »Suchtgehirn« tickt nun mal anders! Auch wenn ich genug Reflexion besaß, um die Kündigung mit der Zockerei in Verbindung zu bringen, wich das Bedauern rasch der Gier nach dem nächsten Spiel. Also führte mich mein Weg erst mal zurück in die Heimat. Doch hätte ich gewusst, was mich dort erwartet, wäre ich wohl am Titisee geblieben.

2. KAPITEL

Schon die ganze Heimreise über ging mir ständig mein »Lehrstellenfiasko« durch den Kopf, welches – mit ein bisschen Ehrlichkeit – so leicht zu verhindern gewesen wäre. Nur zu gerne hätte ich mir jenen Frust direkt von der Seele gespielt, aber leider setzte die DB nicht auf mobile Spielautomaten in den Zügen. Man stelle sich folgendes Szenario vor: Während die Waggons gemütlich durch die Landschaft ruckeln, mal eben an den Automaten setzen und – fernab des Alltagsstresses eine Runde Daddeln. So etwas wäre das ultimative Reiseerlebnis für jeden Spieler! Damals hätte ich diese Idee, die der DB sicher enormen Umsatz bescheren würde, sofort befürwortet. Da 1993 auch mit Gaming-Apps ausgestattete Smartphones noch weit von der Realität entfernt waren, musste ich mich vertrösten bzw. hoffen, dass ich möglichst schnell zum Zocken käme. Nach Ankunft wollte ich jedoch erst kurz nach Hause, um mein Gepäck loszuwerden. Der Gedanke an meine Eltern, die gewiss nervige Fragen zur Ausbildung stellen würden, ließ mein Herz nicht unbedingt höher schlagen. Jeder kennt ja den Song »We are Family«, von Sister Sledge aus den 70ern, welcher in unzähligen Werbespots verwendet wurde und als inoffizieller Soundtrack der Familienharmonie gilt. Bei uns hätte die Nummer definitiv das Thema verfehlt – so viel also zum Familienglück im Hause Kluth! Doch kaum die Türe aufgemacht, wurde mir schlagartig bewusst, dass ich gerade weitaus größere Probleme hatte. Mein altes Kinderzimmer – so wie ich es kannte – existierte nicht mehr! Im Rahmen eines Umbaus hatten meine Alten – natürlich ungefragt – mein Zimmer in eine Küche umgestaltet. Noch nicht mal einen Monat war ich weg, als sie damit loslegten. Von Abschiedsschmerz und Wiedersehensfreude konnte dabei nicht die Rede sein – jedenfalls habe ich diesbezüglich andere Vorstellungen. Es war ja nicht so, dass wir keine Küche gehabt hätten. Doch, doch! Aber nun, wo Mario gerade zur Türe hinaus ist, bietet sich uns ja die ideale Gelegenheit, seinen Krempel auszumisten und die Wohnung ganz nach unserem Gusto zu renovieren – war wohl Mamas Gedanke. Ich konnte es schlichtweg nicht fassen! Geradezu konsterniert stand ich in dieser komischen neuen Küche, wo einst mein Zimmer war. Die Einrichtung sowie meine ganzen Privatsachen wurden abholbereit in eine Ecke gestellt. »Na, leck' ‚mir' doch am Arsch! Wat soll'n ‚det' Kasperletheater – wo soll ‚ick' denn hier bitte pennen?«, fragte ich Mama mit ungläubigen, aber vorwurfsvollen Augen. Wer nun denkt, die liebevolle Mami hätte die Küche – zusammen mit dem netten Stiefpapi – ruckzuck wieder zum Zimmer umfunktioniert, hat möglicherweise ein zu naives Weltbild. »Wir haben eben nicht mit dir gerechnet. Du kannst ‚dick' ja, zum Schlafen, auf den Boden legen!«, lautete Mamas Antwort, in welcher sogar ein etwas gutherziger Unterton mitschwang. Als wäre es eine gar selbstlose und warmherzige Geste von ihr, die ich doch schätzen müsste. Aber nicht mit mir! Nachdem ich mein ganzes Zimmer entfremdet vorgefunden hatte, sollte ich nun auch noch ihrer großen Gnade huldigen, mir Zuflucht auf dem Fußboden zu gewähren? Nein, danke! »Du kannst anderen n' -X- vorm -U- machen, aber nicht ‚denen' besten Schüler!«, murmelte ich leise vor mich hin. Auch wenn mir die Umstände gar nicht in den Kram passten, musste ich mich wohl oder übel mit der Situation arrangieren. Ein anderer Schlafplatz war eben nicht verfügbar, weshalb ich notgedrungen mit dem Fußboden vorliebnahm. Eigentlich nur als kurze Übergangslösung geplant – bis im Obergeschoss unseres Mehrparteienhauses eine Wohnung frei werden würde – dauerte dieses Intermezzo länger als gedacht. Einen ganzen Monat schlief ich auf dem blanken Fußboden! Erst nach dieser Leidenszeit, in welcher ich jede Nacht die bekloppte Umbauaktion meiner Eltern verfluchte, konnte ich in die besagte Wohnung einziehen. Da ich keineswegs vorhatte, mein teures Hobby aufzugeben, nun aber das Lehrgehalt ausblieb, wurde mir rasch klar, dass ich etwas ändern musste. Um die gähnende Leere im Portemonnaie auch nur ein wenig abzufedern, brauchte ich dringend einen Job – da führte kein Weg dran vorbei. Also bewarb ich mich als Bauhelfer und bekam auch umgehend eine Zusage. Obwohl es teilweise ein echt schweißtreibender Knochenjob war, wurde man anständig bezahlt. Für damalige Verhältnisse verdiente ich wirklich gutes Geld – weit mehr, als das Gesellengehalt, das ich zum Ende meiner Kochlehre bekommen hätte. Dafür musste man auch ordentlich ranklotzen, sodass man abends nicht selten todmüde ins Bett fiel! Als junger Kerl kam ich jedoch gut mit den Arbeitsbedingungen zurecht, arbeitete gewissenhaft und hatte durchaus Spaß am Malochen. Unsere Vorgesetzten, die meinen Einsatz mit Wohlwollen zur Kenntnis nahmen, boten mir sogar eine Lehrstelle an. Ich solle einfach in Ruhe überlegen, ob ich mir eine Ausbildung zum Bauarbeiter vorstellen könne. Grundsätzlich war das schon einen Gedanken wert, wenngleich die Ausbildungsvergütung etwas schmäler ausgefallen wäre. Auch sonst, schien die aktuelle Situation, mit eigener Wohnung und gut bezahltem Job, nahezu perfekt. Am Rande sei erwähnt, dass jene Wohnung im Obergeschoss, die einzige Bleibe war, in der mich meine Mutter je besuchte. Bis heute! Ja, eine scheinbar perfekte Situation – für jeden anderen Junggesellen ohne ausufernde Suchtproblematik wäre sie das wohl auch tatsächlich gewesen. Aber nicht für mich! Anstatt – wie Gleichaltrige – für ein Auto zu sparen oder Mädels einzuladen, hatte ich für meine Kohle nur eine einzige Verwendung: Gerade erst auf dem Konto gelandet, wurde das Geld sofort abgehoben und – Münze für Münze – in meine Spielsucht investiert. Für Lebensmittel gab ich dagegen kaum etwas aus, kaufte nur das Nötigste, um halbwegs über die Runden zu kommen. Die exorbitanten Verluste taten meiner stetig wachsenden Gier jedoch keinen Abbruch. So wie meine Mutter einst eine Quartalstrinkerin, war ich damals ein »Zahltagszocker«. Es war nichts Ungewöhnliches, bereits nach zwei Tagen meinen kompletten Lohn verprasst zu haben. Währenddessen bzw. schon nach Einwerfen der letzten Mark, machte sich aber ein unkontrollierbarer Spieltrieb in mir breit, der jegliche Einsicht oder aufkeimende Vernunft sogleich verdrängte. Ein denkbar suboptimales Gefühl, wenn du gerade pleite bist! Vor dem Hintergrund, dass die Zeit, bis zum nächsten Lohn noch lang war und Nichtspielen keine erstrebenswerte Option darstellte, fing ich an, mir Kohle von Arbeitskollegen zu leihen.

Auch, wenn ich meine Schulden immer zuverlässig zurückzahlte, ging mir ihr ewiges Nachfragen, wo ich denn mein Geld lasse, auf den Sack. Da sie mein Leben nun wirklich nichts anging und ich niemandem von meiner Spielsucht erzählen wollte, präsentierte ich ihnen immer neue Ausreden, welche mir irgendwann aber keiner mehr abkaufte. Mir nichts mehr ausleihen zu können, war mir jedoch lieber, als mit der Wahrheit herauszurücken. Bisher hatte ich es auch immer akzeptiert, wenn ich mal abgebrannt war und eben nicht spielen konnte. Eines Tages ließ ich mich dann aber doch zu einer Dummheit hinreißen. Unser Polier deponierte seine Geldbörse immer unter der Matratze im Bauwagen. Zu dieser Zeit hatten wir einige fremde Gastarbeiter, sodass der Verdacht nicht direkt auf mich gefallen wäre. Obwohl sicher nicht die feine englische Art, siegte in diesen Momenten die Gier. Als ich mich im Bauwagen unbeaufsichtigt wähnte, griff ich mir die Brieftasche, um sie etwas zu erleichtern. Doch auch das ergaunerte Geld hatte keine längere Halbwertszeit, da ihm das gleiche Schicksal blühte: Wie »gewonnen«, so zerronnen! Gnadenlos presste ich die Münzen in die Automaten, ohne auch nur einen Gedanken an später zu verschwenden. Ich war natürlich nicht so dumm zu glauben, mich würde nie jemand verdächtigen. Es war nur eine Frage der Zeit – was ich aber in Kauf nahm. Das ewige Getuschel hinter meinem Rücken, hatte ich ohnehin satt. Mein Ende auf der Baustelle wurde dann durch eine, eigentlich alltägliche Situation eingeläutet, die etwas ausarten sollte. »Mario, kannst'e mal flux mit der Schubkarre los und n' Kasten Bier besorgen? ‚Ick' hab' aber nur n' Hunderter?«, fragte ein Kollege. Der Arme wusste eben nicht, dass es gefährlich sein kann, einem chronischen Spieler Geld zu geben. Wie auch? Ich verschwieg meine Sucht ja vor allen! »Ja, logo! Kein Ding! Bin bald zurück!«, schoss mir die Antwort über die Lippen, während ich schon mal die 100 DM einsteckte. Eigentlich hatte ich auch gar nicht vor, irgendeinen Mist damit zu machen. Aber nachdem ich das Bier gekauft hatte und die ersten 5 Mark im Automaten gelandet waren, nahm das Unglück seinen Lauf. Münze für Münze verspielte ich das ganze Restgeld! Für mich war das der passende Zeitpunkt, um die Reißleine zu ziehen. Früher oder später wären meine Klauereien ja sowieso aufgeflogen und diesen Stunk wollte ich mir ersparen. Ich war eben nicht sonderlich stolz darauf. Also brachte ich den Kasten Bier zur Baustelle, wo er von einem anderen Mitarbeiter in Empfang genommen wurde. Der Typ hatte ja keine Ahnung, dass noch Restgeld fehlte. Eine Kiste Bier kostete damals etwa 16 DM, was bei 100 DM natürlich eine ansehnliche Differenz bedeutete. In meinem Fall eben Spielkapital. Mein Kollege, der sich zu dem Zeitpunkt gerade auf dem Kran befand, bekam mich also nicht mehr in die Finger. »‚Ick' leg' dir ‚det' Restgeld unten hin!«, gab ich ihm noch per Funk durch, bevor ich die Baustelle für immer hinter mir ließ. Zeitlich passte das auch perfekt, da die Baustellenhelfer gerade Feierabend machten. Letztlich war ich nur froh, dieser Nummer ohne große Schwierigkeiten entflohen zu sein. Wer weiß, ob unser Polier da schon checkte, dass ich mir weit mehr als »nur« das Restgeld unter den Nagel gerissen hatte. Am nächsten Tag zur Arbeit zu gehen, wäre definitiv nicht die beste Idee gewesen – so viel ist mal sicher. Nach fünf Monaten als Bauhelfer ging also bereits die zweite. Arbeitsstelle wegen der Spielsucht zum Teufel. Weiter in der Wohnung bleiben, barg natürlich das Risiko, von wütenden Arbeitskollegen aufgesucht zu werden. Auch, wenn so etwas nervt – mit denen wäre ich schon fertig geworden! Aber ich hatte ohnehin vor, die Wohnung aufzugeben. Ganz unabhängig von all dem »Schabernack«, den ich in der Arbeit trieb, wollte ich der Stadt den Rücken kehren. Meinem Naturell entsprechend, sollte der Abschied mit einem großen Knall – also mit Stil – vonstattengehen. Gut, über den Stil kann man sich streiten – der war sicher nicht der allerfeinste! Aber der Krach als ich die Tür meiner Eltern eintrat, war vorzeigbar. Fast ein Abgang à la Hollywood! Ok – lassen wir die Witze mal beiseite und halten uns an die Tatsachen. Nachdem ich die Eingangstür platt getreten hatte, konnte ich mich – in aller Ruhe – in der Wohnung umsehen. Meine Eltern selbst hatten da bereits gute »Vorarbeit« geleistet. Bei einer ihrer unzähligen Streitereien hatten sie die Haustür dermaßen demoliert, dass die zerbrochenen Glaseinsätze durch Kartonplatten ersetzt werden mussten. Es bedurfte also keinerlei Kraftakt, diese provisorisch zusammengehaltene Türe aufzubekommen. Mir war ja bewusst, dass Mama und Klaus gerade nicht zu Hause waren. Wie die etwas rabiate Aktion wohl schon vermuten lässt, hatte ich ein klares Ziel im Auge. Auf einem Regal stand ein riesiges Porzellanschwein, in welchem 5-DM-Stücke gesammelt wurden. Anstatt einfach einen Hammer zu benutzen – was die leichtere Alternative gewesen wäre – griff ich mir ein Messer und pulte jede einzelne Münze hervor. Und siehe da – am Ende kamen fast 2000 DM zum Vorschein! Das war schon mal eine fette Beute – schließlich reden wir hier von inflationsresistenter DM-Währung. Ohne ein altes Versteck meiner Eltern zu überprüfen, das noch aus deren Suffzeiten stammte, konnte ich aber nicht gehen. Die beiden hatten sich damals wohl so kaputt gesoffen, dass sie nicht mal mehr wussten, dass es überhaupt existierte. Doch schon ein Blick genügte und ich sah jene Zinnkrüge auf dem Schrank, in welche sie einst ihre Notfallscheine legten. Nach Entleeren aller Zinnkrüge, offenbarten sich 6500 DM! Ich verließ die Bude also mit fast 8500 DM – viel mehr als gedacht. Da hatte ich noch keine Ahnung, dass mein »kleiner« Raubzug der Startschuss für eine zweijährige Tour quer durch Deutschland sein sollte. Da Brandenburg nun ein zu heißes Pflaster war und ich keinen Bock auf eine Konfrontation mit meinen Eltern hatte, wollte ich zunächst einen Onkel im Osten aufsuchen. Entgegen meiner Erwartungen konnte ich dort aber nicht bleiben. Also musste ich eine Nacht unter freiem Himmel auf dem Acker verbringen, ehe ich in Richtung Hannover aufbrach. Diese Übernachtung diente praktisch als Vorzeichen, dass von nun an rauere Zeiten bevorstanden, mit denen ich jedoch kein Problem hatte. Im Gegenteil – ich schlug diesen Weg ja ganz bewusst ein! In Hannover angekommen, wurde mir schnell klar, dass ich Hilfe brauchte bzw. ich mir etwas einfallen lassen musste. Meine einst prall gefüllte Reisekasse, welche sich in Hannover schon um einiges leichter anfühlte, würde sicher nicht ewig halten. Als 17-Jähriger ohne jegliche Vorkenntnisse wäre ich auf der Straße nicht weit gekommen. Da schien es wie ein Wink des Himmels, als mir plötzlich ein älterer Mann über den Weg lief, der sich schon länger auf der Platte durchschlug. Im Volksmund würde man wohl Straßenpenner oder alteingesessener Berber sagen – mit dieser Bezeichnung hatte der Typ auch überhaupt kein Problem. Er klapperte seit Jahrzehnten die hiesigen Sozialämter ab und zog von einer Stadt zur nächsten. Der Mann wusste also ganz genau, wie man sich »auf Platte« über Wasser hält. Für mich war der Kerl, der – im wahrsten Sinne des Wortes – zu einer Art Streetguide wurde, die ideale Adresse. Da wir auf Anhieb auf einer Wellenlänge lagen, hatte er auch kein Problem damit, seine Tricks mit mir zu teilen. Im Grunde machte mich der Typ mit dem nicht kriminellen Straßenleben vertraut – wie man eben als Obdachloser auch ohne Gewalt oder größere Straftaten relativ gut über die Runden kommt. Neben essenziellen Anlaufstellen, wie Sozialamt, Obdachlosenunterkünften, Kleiderstellen und Sammelküchen zeigte er mir auch die Basics des Straßenlebens. Obwohl typisches Schnorren nicht zu meinen »Favoriten« zählte, war ich nach kurzer Zeit optimal aufgestellt, um mich alleine durchzuschlagen. Ich glaube, dass diese Art von Leben – sofern man eine Wahl hat – nicht jedem liegt bzw. einen, gewissen Vagabundeninstinkt erfordert.

Den hatte ich definitiv! Ohne irgendwelche Verpflichtungen und losgelöst von allen gesellschaftlichen Konventionen konnte ich mich »auf Platte« völlig meiner Sucht hingeben. Das ewige Geldproblem folgte mir jedoch, auch hier auf Schritt und Tritt. Die Einbruchsbeute war schon lange von diversen Spielautomaten, verschlungen worden. Also brauchte ich mal wieder Reibach, aber auf legalem Wege! Durch einen Tipp kam ich zum Malteser Hilfsdienst, die Leute für ihre Drückerkolonne suchten bzw. rekrutierten. Dieser »Job« setzte Volljährigkeit voraus, was bei mir mit 17 noch nicht ganz der Fall war. Da es ohnehin nicht genau überprüft wurde, machte ich mich eben ein paar Monate älter. Bei der Drückerkolonne brauchte man schon ein dickes Fell – das kann ich wirklich nicht jedem empfehlen! Es war ja auch erklärtes Ziel, den Leuten möglichst viel Spenden aus der Tasche zu leiern. Neben der typischen Mitleidsmasche – mit welcher alle um die Ecke kamen – zählten, wenn nötig, durchaus Hartnäckigkeit und Penetranz zu unseren Mitteln. Bei einigen Anwohnern stieß das nicht gerade auf Verständnis, um es mal gelinde auszudrücken. »Leckt mich am Arsch, ihr Verbrecher!«, gehörte da noch zu den »netteren« Flüchen, die uns an den Kopf geschmissen wurden. An manchen Türen bekam ich weit Schlimmeres zu hören. Dennoch blieb ich eine ganze Weile bei der Drückerkolonne und verließ sie erst mit Anfang 19. Ich wäre wohl noch länger geblieben, wenn es nicht ein Problem mit den Spendenquittungen gegeben hätte. Es war strengstens verboten, Bargeldspenden anzunehmen, da dies Spendenbetrug gewesen wäre. Uns standen ja keine verplombten Spendenboxen zur Verfügung, die von offizieller Stelle hätten kontrolliert werden können. Die Leitung der Drückerkolonne erlaubte also nur Überweisungen, wofür die Leute vorher eine Mitgliedschaft abschließen mussten. Viele hatten eben keine Lust, langwierige Formulare auszufüllen, waren aber grundsätzlich bereit, etwas zu spenden. Nach einiger Zeit fiel mir auf, dass manche Kollegen durchaus direkte Bargeldspenden annahmen, welche dann in deren eigenen Taschen landeten. Das funktionierte natürlich nur, wenn sie ohne Aufsichtspersonen unterwegs waren. Irgendwann sah ich nicht mehr ein, warum ich mich als Einziger an die

Regeln halten sollte. »Wenn andere die Spenden direkt für ihre Drogen verwenden, kannst du dich auch beim Glücksspiel unterstützen lassen!«, dachte ich mir. Eine Weile lang nahm ich also direkte Bargeldzuwendungen an, ohne diese offiziell zu verbuchen. Auf Dauer konnte das natürlich nicht gut gehen! Die Typen wurden einfach zu unvorsichtig und ahnten nicht, dass die Vereinsleitung längst Lunte gerochen hatte. Bevor es also zum großen Crash kam, machte ich mich lieber vom Acker! Ich ging ohne Abmeldung, sodass mir die Malteser-Hilfsdienst-Uniform als kleines Souvenir blieb. Anschließend hatte ich genug von der Platte und mietete mich 1995 in einer Obdachlosenunterkunft ein. Ok – das mit der Miete war vielleicht etwas voreilig! Mittlerweile arbeitete ich zwar bei einem Kiosk und verdiente mit 1500 Tacken eigentlich genug, um die Miete zu bezahlen. Da ich die Kohle am Spielautomaten aber besser gebrauchen konnte, vertröstete ich die Betreiber immer wieder aufs Neue. Wenn man sich – wie ich – unter falschem Namen angemeldet hatte, war das auch gar nicht so schwer. Trafen mich die Verantwortlichen tatsächlich mal an, kleisterte ich sie dermaßen mit Ausreden zu, dass sie gar nicht auf die Idee kamen, nach einem Ausweis zu fragen. Eines Tages erhielt ich einen neuen Zimmerkollegen, der mein Leben verändern sollte. Anfangs verband uns nur eine Gemeinsamkeit – wir waren ständig pleite! Während mein Geld in den Automaten landete, gab der Kollege seine Kohle lieber für Drogen aus. Partydrogen, um genau zu sein. Hannover war ja bereits in den 90ern eine florierende Drogenhochburg, die insbesondere von Heroin und Kokain »regiert« wurde. Am Bahnhof genügte ein geübter Blick, um all die Kokser, Crack-Heads und Junkies zu erkennen, die sich unter dem Parteiverkehr »tarnten«. Mit »Schore« hatte der Kerl aber nichts am Hut. Seine Leidenschaft galt den sogenannten Designerdrogen, wie Amphetamin oder MDMA – besser bekannt als Ecstasy. Und fast schon klischeehafter Weise hatte er eine Vorliebe für Techno-Musik, was mir gehörig auf den Sack ging. Damit konnte ich schlichtweg nichts anfangen! Wenn ich gestresst von der Arbeit kam und gerade mal kein Geld fürs Spielen einstecken hatte, war dieses nervtötende Gedudel das Letzte, was ich hören wollte. »Mach' ‚jetze' mal deine Scheiße leiser! Da wird man ja balla balla! ‚Ick' muss morgens aufsteh'n!«, rief ich ihm zu. Da er »natürlich« keiner Arbeit nachging, musste er sich meinem Willen beugen. Das stank meinem Zimmerkollegen gewaltig, der ansonsten aber ein echt netter Typ war. Wie sich noch herausstellen sollte, bewies er auch gute Menschenkenntnis. Eines Abends war er gerade auf dem Weg zu einer Party, als er mir ein verlockendes Angebot machte. »Willst'e nicht auch mal etwas probieren und feiern gehen? Du siehst aus, als wärst'e der Typ dafür. Ich glaub', das würd' dir gefallen!«, meinte er, mit verheißungsvollem Blick. »Na ja, warum auch nicht! ‚Ick' bin ja offen für Neues!«, waren meine Gedanken, obwohl ich bis dato nur gekifft hatte. Also sagte ich zu und wir gingen auf diese große Techno-Party. Vorher hatte mir mein Kumpel noch einen Vortrag gehalten, wie man sich bei Drogendeals zu verhalten habe: Kein Geld im Voraus mitgeben – zuerst die Ware anschauen, niemals zu große Scheine mitnehmen usw.! Als ich ihm dann – auf dem Parkplatz vor der Disco – 100 Mark zusteckte, kam er jedoch ohne Drogen zurück. Er hatte seine eigenen

Regeln missachtet und sich abzocken lassen! Bei diesen Typen war das aber keine große Schande. Er wurde von einigen Südländern gerippt, die nicht nur in der Überzahl waren, sondern auch allesamt Waffen trugen. Einer der Typen hatte meinem Kumpel das Geld abgenommen – unter dem Vorwand, er würde nur schnell das Zeug holen. Ehe er sich versah, verschwand der Kerl aber in einer Menschentraube von ca. 10 Mann und tat so, als sei nichts gewesen. Diese Kerle hätten definitiv kein Problem damit gehabt, ihn beim kleinsten Widerwort plattzumachen. Im Gegenteil – sie warteten nur auf einen Anlass, um loszuschlagen. Da wir nur zu zweit waren und keinen Bock auf Stress hatten, pfiffen wir lieber auf die Kohle. Also musste ich noch mal meine Brieftasche zücken. Dieses Mal kaufte ich aber selbst ein – bei Leuten mit etwas freundlicheren Gesichtern. Wie mir geraten, bezahlte ich erst, als ich die Drogen in Händen hielt. Für 20 Mark pro Stück bekamen wir zwei Ecstasys: »Coco Chanel«-Teile mit Doppel-C-Stempel! Unser Partyabend konnte also starten – wir betraten den Club. Umringt von all diesen Feierbiestern, die längst mit riesigen

Pupillen durch die Gegend huschten, kam ich mir natürlich fehl am Platz vor. »Moment ma'! ‚Det' wird schon!«, flüsterte mir mein Kollege zu. Wir saßen an einem Tisch, an dem er gerade Speed kleinhackte. Nachdem er sich die ersten Nasen selbst gegönnt hatte, reichte er den zum Röhrchen gedrehten Geldschein an mich weiter: »So, Mario! Dein Part! Mach'ma' zwei Bahnen weg und klink dir n' Teil ein!« Gesagt, getan! Also schluckte ich das Ecstasy und zog mir die beiden Lines hinter die Binde! Man geht ja mit einer gewissen Erwartungshaltung, an solch einen Konsum heran – welche jedoch meist nicht erfüllt wird. So auch bei mir! Das Gehirn hat anfangs eben Schwierigkeiten, die Wirkung einzuschätzen und muss sich erst noch an dieses neue Gefühl gewöhnen. Wenn du dir aber schon einen Mega-Turn ausgemalt hast, bist du natürlich gehörig enttäuscht, sobald es nicht richtig knallt. Mit dementsprechender »Aggressions-Krawatte« stand ich in der Ecke und war gezwungen zuzusehen, wie alle lachend um mich herumtanzten. Die Hoffnung auf einen schönen Abend war längst dahin, als es nach zwei Stunden plötzlich klick machte. Der ani-

Regeln missachtet und sich abzocken lassen! Bei diesen Typen war das aber keine große Schande. Er wurde von einigen Südländern gerippt, die nicht nur in der Überzahl waren, sondern auch allesamt Waffen trugen. Einer der Typen hatte meinem Kumpel das Geld abgenommen – unter dem Vorwand, er würde nur schnell das Zeug holen. Ehe er sich versah, verschwand der Kerl aber in einer Menschentraube von ca. 10 Mann und tat so, als sei nichts gewesen. Diese Kerle hätten definitiv kein Problem damit gehabt, ihn beim kleinsten Widerwort plattzumachen. Im Gegenteil – sie warteten nur auf einen Anlass, um loszuschlagen. Da wir nur zu zweit waren und keinen Bock auf Stress hatten, pfiffen wir lieber auf die Kohle. Also musste ich noch mal meine Brieftasche zücken. Dieses Mal kaufte ich aber selbst ein – bei Leuten mit etwas freundlicheren Gesichtern. Wie mir geraten, bezahlte ich erst, als ich die Drogen in Händen hielt. Für 20 Mark pro Stück bekamen wir zwei Ecstasys: »Coco Chanel«-Teile mit Doppel-C-Stempel! Unser Partyabend konnte also starten – wir betraten den Club. Umringt von all diesen Feierbiestern, die längst mit riesigen

Pupillen durch die Gegend huschten, kam ich mir natürlich fehl am Platz vor. »Moment ma'! ‚Det' wird schon!«, flüsterte mir mein Kollege zu. Wir saßen an einem Tisch, an dem er gerade Speed kleinhackte. Nachdem er sich die ersten Nasen selbst gegönnt hatte, reichte er den zum Röhrchen gedrehten Geldschein an mich weiter: »So, Mario! Dein Part! Mach'ma' zwei Bahnen weg und klink dir n' Teil ein!« Gesagt, getan! Also schluckte ich das Ecstasy und zog mir die beiden Lines hinter die Binde! Man geht ja mit einer gewissen Erwartungshaltung, an solch einen Konsum heran – welche jedoch meist nicht erfüllt wird. So auch bei mir! Das Gehirn hat anfangs eben Schwierigkeiten, die Wirkung einzuschätzen und muss sich erst noch an dieses neue Gefühl gewöhnen. Wenn du dir aber schon einen Mega-Turn ausgemalt hast, bist du natürlich gehörig enttäuscht, sobald es nicht richtig knallt. Mit dementsprechender »Aggressions-Krawatte« stand ich in der Ecke und war gezwungen zuzusehen, wie alle lachend um mich herumtanzten. Die Hoffnung auf einen schönen Abend war längst dahin, als es nach zwei Stunden plötzlich klick machte. Der animierende Effekt des Amphetamins, den ich zunächst nur latent wahrnahm, wurde nun schlagartig stärker. Kaum konnte ich mich daran erfreuen, begann auch das Ecstasy in mein Hirn zu fahren, wo es sich – mit dem Speed – zu einer perfekten Symbiose vereinigte. Beide Substanzen entfalteten erst in jenem Augenblick ihre einzigartige Wirkung! Ein wahrer Cocktail aus Dopamin, Adrenalin, Oxytocin und Endorphin machte sich in mir breit, der mich sofort auf die Tanzfläche zwang. Ich konnte einfach nicht mehr ruhig stehen und verspürte den angenehmen Drang, mich zum Rhythmus zu bewegen. Von nie geahntem Elan getragen, schwebte ich leichtfüßig über die Tanzfläche, wobei sich ein Glücksschauer an den nächsten reihte. Dieses wohlige Gefühl, das sich vom Bauch aus in meinen ganzen Körper ausbreitete, war mir bisher gänzlich unbekannt. Aber ich liebte es – zweifelsohne! Zehn Stunden lang stand ich pausenlos auf der Tanzfläche und feierte die Party meines Lebens. Dieser Zimmerkollege, der ja kein »Anfänger« war, kümmerte sich aber wunderbar um mich. Man hört ja immer wieder mal von Drogenunfällen aufgrund von Überanstrengung oder Dehydration. Alleine kann so etwas gerade beim ersten Mal durchaus passieren! Also achtete mein Kollege ganz genau darauf, mich immer wieder mal von der Tanzfläche zu ziehen – damit ich eine Pause bekomme – und vor allem sicherzustellen, dass ich genügend trinke. Das werde ich dem Kerl auch nie vergessen! Plötzlich konnte ich sogar verstehen, warum er Techno so prickelnd fand. »Auf Sendung« fuhr dir diese Musik einfach durch jeden einzelnen Knochen und ließ sämtliche Körpersäfte höher kochen. Eben die ideale Mucke zum Abfeiern! Nach der Party gingen wir dann noch mit seiner Schwester, die illegal bei ihm wohnte, in unsere Bude, um eine chillige »After Hour« zu zelebrieren. Bei entspannter Drum&Bass-Musik kifften wir uns runter, bis mittags die ersten Augen zugingen. An diesem Tag hatte ich definitiv ein weiteres Mal Blut geleckt. Nach einigen Folgepartys stand fest, dass ich insbesondere zum Amphetamin eine gewisse Affinität habe. Da Speed wach machte, man aber dennoch einen klaren Kopf behielt, eignete es sich auch ideal zum Zocken. Was ich damals als positiv bewertete, war jedoch ein Trugschluss! Obwohl kaum möglich erscheinend, wurde mein Spielverhalten unter Speed noch exzessiver und unkontrollierter. Wenn ich Zocken mal mit einem leckeren Gericht vergleichen darf, war Amphetamin der Parmesan, welcher meine Spaghetti – also das Spielen – perfekt abrundete. Dieser Komorbidität, die noch ausufern sollte, werde ich mich später widmen. Nach drei Monaten ausgelassenem Feiern fand diese Episode zumindest vorerst ein Ende. Irgendwann hatte sich die Miete in der Obdachlosenunterkunft gewaltig angehäuft. Da konnte ich mich, auch mit den ausgeklügeltsten Ausreden nicht mehr »herauswinden«. Früher oder später wollten die Verantwortlichen Geld sehen. Punkt! Andernfalls wäre ich hinausgeflogen. Bezahlen kam mir aber gar nicht in die Tüte – es war ohnehin an der Zeit weiterzuziehen und Hannover hinter mir zu lassen. Zufälligerweise war gerade der Rummel in der Stadt, der ja immer junge, ungebundene Leute suchte. So auch deren fahrendes Restaurant. Dort konnten sie einen fähigen Koch, für die kalte Küche gebrauchen. Nach einem sehr netten Gespräch mit den Besitzern, denen ich wohl sofort sympathisch war, erhielt ich die

Zusage. Nun gehörte ich also offiziell zur großen Schaustellerfamilie! Ein wirklich eingeschworener Haufen, bei dem alle bedingungslos füreinander einstehen. Ob nun, die Leute von den Fahrgeschäften, Ballonständen, die diversen Buden inkl. Personal oder die Aufbau-Crews – hier wurden keine Unterschiede gemacht. Obwohl es in diesem ganz eigenen Kosmos auch Typen gab, die sich gerne mal an den lokalen Schlägereien beteiligten bzw. diese sogar provozierten – irgendwer musste ja die Drecksarbeit machen – fühlte ich mich dort umgehend willkommen. Für jemanden wie mich, der keine ideale Familie hatte, war das schon ein wirklich tolles Gefühl. So war es auch selbstverständlich, beim Abbauen direkt mit anzupacken. Ende 1995 verließ ich also Hannover als Teil des rollenden Restaurants, wo mir die Salatküche unterstand. Hamburg hieß das nächste Ziel. Beim Hamburger Dom war ein dreimonatiger Aufenthalt zur Sommerkirmes geplant, der aber auch mein Letzter sein sollte. Während der Reisen waren zwar Kost und Logis frei, sodass man mit seinem Gehalt eigentlich gut zurechtkam. Aber »eigentlich« ist ein obsoleter Begriff für einen Spielsüchtigen! Auch wenn es mir im Herzen wehtat, verzockte ich stets meinen ganzen Lohn und konnte mich kaum an Gruppenaktivitäten beteiligen. Da ich so gut wie kein Geld für Lebensmittel ausgab, wurde ich auch zusehends dürrer. Stattdessen fragte ich häufig nach Vorschüssen, um weiterzocken zu können. Diese netten Leute zu beklauen, kam für mich überhaupt nicht infrage. Mein Verhalten warf natürlich immer mehr Fragen auf, denen ich aber beharrlich auswich. Wenn du schon zwei Tage nach Zahltag um einen Kredit bittest, werden deine Vorgesetzten eben misstrauisch. Die Leute vom Rummel, die ja wie eine Familie zusammenhielten, schöpften einfach Verdacht, ich könne ein Problem haben. Damit lagen sie ja auch richtig – nur war ich noch nicht bereit, mich jemandem zu öffnen. Wie schon so oft wurde mir das Getuschel zu viel. Obwohl mir die Schausteller unglaublich ans Herz gewachsen waren, wollte ich nur noch weg und meine Ruhe haben. Anfang 1996 endete mein Rummel-Abenteuer also recht abrupt. Ich hatte mich mit meinem Cousin in Hamburg verabredet. Hierzu gibt es auch eine witzige Geschichte. Seit ich von

Brandenburg loszog, hatte ich keinen Kontakt mehr zu meinen Eltern, die mittlerweile verzweifelt versuchten, mich irgendwie zu erreichen. Meine ganze Familie dachte ja, ich würde Gott weiß was treiben – die waren sich nicht mal sicher, ob ich noch lebe. Sie hatten sogar eine Annonce bei der TV-Sendung »Bitte melde dich!« geschaltet, welche kurz vor der Ausstrahlung stand. Hätte ich nicht mit meinem Cousin telefoniert und ihm versichert, dass es mir gutgeht, wäre ich wohl im Fernsehen zu bestaunen gewesen. Kurz nach unserem Telefonat fuhr er nach Hamburg, um mich abzuholen. Schon in Hannover hatte ich meine Haare wasserstoffweiß gefärbt, sodass er mich auf den ersten Blick gar nicht erkannte. Auch wenn ich ihm nichts von der Spielsucht erzählte, bot er mir an, mich mit nach Brandenburg zu nehmen, um wieder in ein geregeltes Leben zu finden – wie er meinte! Anfangs war ich davon sogar selbst überzeugt – ganz ungelogen – zumindest ein bisschen! Zu Hause angekommen, fiel meinen Eltern natürlich erst mal ein Stein vom Herzen, mich – nach all den Sorgen – gesund und munter wiederzusehen. Es war durchaus schön, zu wissen, dass da eine Familie ist, die sich um dich sorgt und dir deine Fehler verzeiht. Trotzdem hatte ich keinen Bock, hier plötzlich den Musterknaben zu mimen und mir heile Familienwelt vorgaukeln zu lassen. Mal ganz von der Spielsucht abgesehen, die mich früher oder später ohnehin von zu Hause weggetrieben hätte, wurde mir Brandenburg einfach zu langweilig. Auch rein optisch stach ich ziemlich heraus und fiel auf wie ein bunter Hund: Meine schneeweiße Wasserstofffrisur wurde von jeweils 4 Ohrringen flankiert, die an jeder Seite hingen. Hinzu kam mein etwas auffälliges Outfit, bestehend aus silberner »Alpha«-Bomberjacke, neongrüner Kordschlaghose und Springerstiefeln. Wegen dieses Aufzugs ordneten mich Fremde schon öfter der rechten Ecke zu – was natürlich absoluter Schwachsinn war. Nur weil ich eine Bomberjacke trug und manchmal, wohl eher unwissentlich, mit grimmigem Gesichtsausdruck herumlief, gehörte ich noch lange nicht zur Neonaziszene. Mit diesen Typen hatte ich so viel gemein, wie unsere Politiker mit der Wahrheit. Also wenig bis gar nichts! Die Tatsache, dass diese Kerle in der gleichen Stadt wohnten, war wohl schon die einzige Gemeinsamkeit. In Brandenburg musste man aber eher von Möchtegern-Nazis sprechen, welche sich die noch junge Drogenszene unter den Nagel gerissen hatten. Was Partydrogen betraf, war die Szene ja gerade erst ins Laufen gekommen. Ich selbst wollte mit diesen halbstarken Proleten nichts zu tun haben. Wenngleich ich zu dieser Zeit noch keine Ahnung hatte, war dieser unorganisierte Haufen Faschos ein Paradebeispiel für 90 % der deutschen Drogenszene. Viel Show, aber nichts dahinter! Doch darauf will ich später noch genauer eingehen. In Brandenburg lernte ich jedoch einen 14-jährigen Punker kennen, der schon eher nach meinem Geschmack war. Trotz des erheblichen Altersunterschieds verband uns die gleiche Abenteuerlust. Von jugendlichem Leichtsinn getrieben, beschlossen wir, nach Berlin abzuhauen, wo er einige Bekannte hatte. Gesagt, getan! Also ließen wir Brandenburg hinter uns und trudelten eines Abends am Bahnhof Zoo ein. Neben manch anderen illustren Gestalten versammelten sich an diesem prestigeträchtigen Ort tatsächlich auch einige mit ihm befreundete Punker. Noch am selben Abend wurden seine Freunde zu meinen – was ja den unverwechselbaren Charme des Punkermilieus ausmacht. Fernab von falschem Statusgehabe oder aufgesetzten Allüren gibt es keine Berührungsängste – man begegnet sich auf Augenhöhe! Wir verstanden uns wirklich gut, hatten aber alle kaum Geld in der Tasche. Was hilft dir die aufregendste Stadt der Welt, wenn du keine Kohle hast, um deren Annehmlichkeiten zu genießen? Also setzten wir uns mit einem seiner Kumpels zusammen und überlegten, wie wir an Geld gelangen. »Natürlich« schlug niemand vor, zum Arbeitsamt zu gehen oder sich um einen Job zu bewerben. Fehlende Kohle, gepaart mit jugendlichem Übermut, Leichtsinn und Gruppendynamik sind eben nicht die besten Voraussetzungen für vernünftige Entscheidungen! So ist es auch nicht verwunderlich, dass wir auf eine sehr illegale Idee kamen: Straßenraub! Unter Androhung von Gewalt Leute abzuziehen, erschien uns eben als unkomplizierteste Möglichkeit, schnelles Geld zu erbeuten. Niemand hatte die ernste Absicht, Menschen wirklich anzugreifen oder gar zu verletzten. Vor allem für mich wäre das keine Option gewesen.

Die alkoholbedingten Aggressionsausbrüche meiner Eltern hatten mich einfach geprägt, weswegen ich schon immer eine tiefe Aversion gegen Gewalt hegte. Wir dachten uns, man müsste die Leute nur ordentlich erschrecken, sodass sie das Geld ohne Gegenwehr herausgeben. Zu dritt zogen wir dann los! Und siehe da: unser Plan ging auf. Von drei schreienden Typen umringt, gaben alle bereitwillig ihre Brieftasche raus, um dieser Situation möglichst schnell zu entkommen. Dummerweise ermutigten uns die ersten Erfolge noch, etwas mehr Kohle zu machen. Unser Fokus lag vorwiegend auf jungen Männern, die alleine unterwegs waren. Ältere Menschen oder Frauen ließen wir dagegen in Ruhe. Schließlich haben auch Räuber einen Ehrenkodex! Trotzdem war es nur eine Frage der Zeit, bis eines der Opfer zur Polizei läuft, um uns anzuzeigen. So kam es dann auch – nach drei Wochen klickten die Handschellen! Diese Nummer verlief aber nicht wie die üblichen Jugendsünden. Von wegen kurz auf die Finger klopfen und dann ab nach Hause, bis irgendwann die Ladung zur Verhandlung eingeht. Nichts da! Binnen 24 Stunden nach Festnahme, wurde ich dem Jugendhaftrichter vorgeführt, welcher – unter anderem wegen Fluchtgefahr – Untersuchungshaft anordnete. Mehrfacher Raub ist eben kein Kavaliersdelikt, auch nicht für Heranwachsende. 21 Tage in Berlin hatten also gereicht, um mich geradewegs in den Knast zu bugsieren. Ich wurde in die JVA Plötzensee gebracht, wo ich meine Jugenduntersuchungshaft verbüßte. Für einen, jungen Kerl, der spielsüchtig war und gerade noch auf der Straße rumhing, stellte die Jugendhaft schon einen heftigen Kontrast dar. Seien es nun die vielen Regeln, der strukturierte Tagesablauf, die einengenden Zellen oder die allgegenwärtige Langeweile – an all das musste ich mich erst mal gewöhnen. Ich konnte ja nicht ahnen, dass dieser Schnupperkurs nur ein kleiner Vorgeschmack sein würde. Obwohl in Jugendhaft manchmal mehr die Fetzen fliegen als im Erwachsenenvollzug, da sich jeder beweisen will, hatte ich dort keine Probleme. Nach zwei Monaten U-Haft kam es dann vor dem Schöffengericht zur Hauptverhandlung wegen gemeinschaftlichen Raubes. Ich weiß nicht mehr genau in wie vielen Fällen, aber da läpperten sich schon einige zusammen.

Dementsprechend hart fiel das Urteil aus! Auch, wenn ich Ersttäter war, verdonnerte man mich nach Anrechnung der Untersuchungshaft zu zehn Monaten Haft auf Bewährung. Die Bewährungszeit wurde auf zwei Jahre festgesetzt, darüber hinaus stellte man mir einen Bewährungshelfer zur Seite. Außerdem hatte ich die nicht unerheblichen Verhandlungskosten zu tragen, sowie die darin enthaltenen Auslagen für den Pflichtverteidiger. Dieser ist nur kostenlos, wenn man freigesprochen wird. Zudem wurde ich an die Freie Hilfe Berlin e. V. verwiesen – einen Verein, der straffälligen Männern unter die Arme greift. Von denen bekam ich auch eine Wohnung vermittelt. Nun war ich also einschlägig vorbestraft! Demnach hätte jede neue Verurteilung mein direktes Ticket zurück in den Knast bedeuten können. Für die meisten Ersttäter in meinem Alter wäre das wohl der nötige Schuss vor den Bug gewesen, sich künftig besser aus Schwierigkeiten herauszuhalten. Doch nicht für mich! Ich hatte ja immer noch ein sehr teures »Hobby«, für dessen Finanzierung mir leider die Kohle fehlte. Umgehend wieder in den Knast zu wandern, war aber auch keine Alternative. Raub oder ähnliche Delikte fielen also komplett flach! Da ich hierfür niemanden berauben bzw. nötigen musste, entdeckte ich den Drogenhandel für mich. Bei einigen Jungs von der Straße hatte ich ja schon gesehen, wie viel Kohle damit zu verdienen ist. Sie vermittelten mir auch die richtigen Connections, um preiswert an größere Mengen Drogen zu kommen. Anfangs beschränkte ich mich hauptsächlich auf Gras. Eine zahlungskräftige »Zielgruppe« hatte ich auch schon ins Auge gefasst. Während meiner Streifzüge durch Berlin begegneten mir einige Jungs aus der hiesigen Stricherszene. Mit deren Job hatte ich überhaupt kein Problem. Solange ich nicht mitmachen musste, war das absolut ihre Sache. Rein pragmatisch betrachtet, bot mir ihre Tätigkeit sogar gewisse Vorteile. Zum einen hatten sie genügend Geld, um meine Drogen cash zu bezahlen, was beileibe nicht bei jedem der Fall war. Außerdem kannten diese Jungs sicher einige Kollegen, die sie an mich weiterempfehlen konnten. Fortan verkehrte ich also in den einschlägigen Bars nahe Nollendorfplatz, wo ich meinen Stoff an den Mann brachte. Ob Blue Boy Bar, Eldorado Bar oder Tabasco

Bar – ich hatte in nahezu jeder Schwulenbar treue und vor allem liquide Kundschaft. Die stetig florierenden Geschäfte bescherten mir rasch einen ansehnlichen Gewinn, sodass ich nicht nur meine Spielsucht finanzieren, sondern mir auch einen normalen Lebensstil leisten konnte. Den Vorsatz »Don't get high on your own supply!«, welchen man aus vielen Filmen kennt, nahm ich mir aber nicht zu Herzen. Neben Cannabis, das ich weniger als Droge ansah, »naschte« ich vor allem von meinen Speedvorräten. Amphetamin war für mich einfach die optimale Zockersubstanz und gab mir den letzten Kick beim Daddeln. Als ich gerade mal nicht am Automaten saß bzw. mit Dealen beschäftigt war, lernte ich eine bildhübsche Frau namens Annika kennen. Bei ihrem betörenden Aussehen hätte man nie vermutet, welch harte Vergangenheit hinter ihr lag. Annika war heroinabhängig und hing seit ihrem 14. Lebensjahr an der Nadel, was sie durch den Straßenstrich finanzierte. Mit 15 konnte sie zumindest das Spritzen hinter sich lassen und auf Folie rauchen umsteigen. Seitdem ging Annika auch nur noch in gehobenen Hotelzimmern anschaffen, wo sie sich mit gut betuchten Kunden verabredete. Da sie diesbezüglich von Anfang an ehrlich war und ich in unserer Liaison ohnehin nur etwas Lockeres sah, hatte ich auch kein Problem mit ihrem Job. Annika wird sich wohl bis heute an folgende Worte von mir erinnern: »Ja, gleich! Lass' mich noch schnell 'ne Bahn ziehen! – nur noch eine kleine!« Wann immer wir herumknutschten oder intim wurden, bildete ich mir ein, vorher eine Line Speed nachlegen zu müssen. Dieses Ritual war eben längst in Fleisch und Blut übergegangen. Trotz meiner Spielsucht und des beiderseitigen Drogenkonsums hatten wir wirklich eine wundervolle Zeit zusammen, die ich nicht missen möchte. Annika hing immer öfter in meiner Bude ab, was seine Annehmlichkeiten hatte. Welcher Mann wehrt sich schon gegen Zweisamkeit mit einer hübschen Frau? Ich jedenfalls nicht! Was mir aber gewaltig auf den Sack ging, war die Tatsache, dass mich immer öfter die Jungs besuchten und mir – sofern sie mal wieder pleite waren – den ganzen Kühlschrank leerräumten. Das summierte sich ja und schlug ordentlich aufs Budget. »Jungs! ‚Det' reicht mir! Ihr kommt jetzt mit zur

Suppenküche, dort bekommt ihr wenigstens eine warme Mahlzeit, die ich nicht bezahlen muss!«, lautete meine Ansage. Also schnappte ich mir die ganze Bande und ging mit ihnen zur Suppenküche, wo sie sich den Bauch vollschlugen. Es dauerte nicht lange, bis sie sich dort zu Stammgästen entwickelten. Eines Tages kam ein ehrenamtlicher Helfer auf mich zu, der wohl beobachtet hatte, dass ich die Jungs immer begleite. »Sag' mal, du scheinst ja 'ne Menge junge Leute zu kennen. Vielleicht wüsstest du ja jemanden, der an `ner Scheinhochzeit interessiert wäre? Dafür gäbe es natürlich gutes Geld!«, meinte der Kerl. Dieses Angebot war einfach zu verlockend, als dass ich es hätte ausschlagen können. Eigentlich plante ich, ihm jemanden zu vermitteln und anschließend eine Provision einzusacken. Davon wollte ich ab nach Holland düsen, um günstige Drogen zu besorgen. Ich hatte sogar schon einen Interessenten an der Angel, der mir aber im letzten Moment absprang. So spielte ich mit dem Gedanken, die Scheinhochzeit selbst durchzuziehen – immerhin gab es dafür 5000 DM bar auf die Kralle. Nach drei Jahren sobald die Dame die Staatsbürgerschaft erhalten würde, sollten weitere 3000 DM fließen. Die Kohle wollte ich mir eben nicht entgehen lassen! Ich war gerade 21 Jahre alt, hatte den Kopf voller Flausen – da kam mir dieses Angebot wie gerufen. Also sagte ich zu und lernte schon bald meine Zukünftige kennen. Sie war eine, hübsche Thailänderin. Bei den Vorbereitungen achtete ich penibel darauf, nicht neben ihr zu gehen, um ja kein Aufsehen zu erregen. Schließlich stand ich unter laufender Bewährung und konnte mir keine Leichtsinnigkeiten erlauben. Mit etwas Achtsamkeit verlief jedoch alles glatt, sodass – am 26. 01. 1998 – die standesamtliche Hochzeit bevorstand. Dabei gab es nur einen Haken: meiner Freundin Annika hatte ich nicht das Geringste davon erzählt! Am Montagmorgen, als die Hochzeit anstand, hatten wir sogar noch einen erfrischenden Quickie. Während Annika weiter im Bett lag und sich wohl aufs Kuscheln freute, stand ich wortlos auf, um mich anzuziehen. »Wo willst du denn schon hin?«, meinte sie ganz verwundert. Auf diese Frage gab es tausend Antwortmöglichkeiten: Kurz aufs Sozialamt gehen oder Stoff klarmachen z. B.! Mit jeder davon hätte ich mich einigermaßen schonend aus der Affäre ziehen können. Ich dagegen entschied mich für die harte Variante.» `Geh mal kurz heiraten!«, murmelte ich ihr entgegen, ehe ich schlagartig die Wohnung verließ. Das ging so schnell, dass Annika nicht mal Zeit hatte, darauf zu reagieren. Auch wenn ihr verdutzter Gesichtsausdruck nichts Gutes vermuten ließ, war mir das in diesem Moment völlig egal. Auf dem Standesamt wartete immerhin eine Frau, die mir eine Menge Kohle einbringen sollte. Dort angekommen, brachten wir das ganze Prozedere professionell über die Bühne. Nun war ich also ein verheirateter Mann und hatte 5000 DM mehr in der Tasche. Zu Hause erwartete mich aber erst mal ein eher unangenehmes Szenario. Als ich mittags in die Wohnung kam, saß Annika heulend am Fensterbrett und telefonierte verzweifelt mit ihrer Mutter. Der falsche Rosenstrauß, den ich von der Hochzeit mitbrachte, konnte daran nicht viel ändern. Also besorgte ich Annika echte Tulpen und versuchte, ihr die Lage zu erklären. Trotzdem war absehbar, dass unsere Beziehung nicht von Dauer sein würde, weswegen sich unsere Wege bald trennten. Drei

Monate nach der Hochzeit beschloss ich dann, Berlin vorerst den Rücken zu kehren und nach Brandenburg zu ziehen. Mit dieser Scheinhochzeit und dem laufenden Dealen wurde mir der Boden einfach zu heiß, immerhin stand ich unter Bewährung. Inzwischen hatte ich ja genügend Kohle gemacht und zocken konnte ich in Brandenburg genauso gut. Eine Zeit lang verlief es ganz nach meinem Spielergeschmack. Auch wenn ich meist alles verprasste und nur selten mit Gewinn nach Hause ging, hatte ich ausreichend Geld, um jeden Tag zu zocken. Eben abschalten und der Realität für eine Weile entfliehen! Die holte mich aber schneller ein, als mir lieb war, und zwar in Form einer Anklageschrift: Ein BtM-Vergehen, das ganz sicher vor Gericht landen würde! Mir war klar, dass ich im Vorfeld etwas unternehmen musste. Ohne Eigeninitiative würde man meine Bewährung bei der Verhandlung zweifelsohne widerrufen. Und auf Knast hatte ich nun wirklich keinen Bock! Also meldete ich mich umgehend bei der Villa-Grunewald zur zehnmonatigen Drogentherapie. Eine freiwillige Therapie wird beim Richter gewiss Eindruck schinden, war mein

Gedanke. Glücklicherweise konnte ich die Kostenübernahme und alle anderen Formalitäten rasch klären, sodass ich noch vor der Verhandlung – welche am 23.12.99 stattfinden sollte – einen Therapieplatz bekam. Die Villa-Grunewald war wirklich eine Topeinrichtung, zumindest für Leute, die es ernst meinten. Mir kam es nur darauf an, vor Gericht einen guten Eindruck zu machen und diese Strategie ging auf! Anstatt des drohenden Widerrufs wurde meine Bewährung nur verlängert – mein Ziel war also erreicht. Meine Frau, die nicht wusste, wo ich mich zu der Zeit aufhielt, hatte weniger Glück. Sie wurde durch Zufall von der Ausländerbehörde kontrolliert, die nach ihrem Mann fragte. Da man ihr keinen Glauben schenkte, riet man ihr, sich scheiden zu lassen und bereitete ihre Ausreise vor. Zum Glück traf das Schreiben ihres Anwalts, noch rechtzeitig in der Therapie ein. So konnte ich einen Ausgang nutzen, um bei der Ausländerbehörde alles zu klären. Denen erzählte ich nicht unbedingt die Story vom blauen Pferd – die Wahrheit war es aber auch nicht. Ich meinte, meine Frau hätte gar nicht wissen können, wo ich bin, da ich gerade aus längerer Haft entlassen wurde. Darüber legte ich sogar eine eidesstattliche Erklärung ab, die man nicht mal überprüfte. Es kommt eben immer darauf an, wie du mit den Leuten redest! Wichtig war mir nur, dass meine Frau hierbleiben konnte. Da ich die Bewährung in der Tasche hatte, gab es für mich auch keinen Grund, noch weiter in der Villa-Grunewald zu bleiben. Also packte ich am zweiten Weihnachtsfeiertag, meine Sachen und haute ab. Ein weiteres Missverständnis, wie während der Therapie, sollte uns aber nicht noch einmal passieren. Zudem wollte ich nicht auf die ausstehenden 3000 DM verzichten, welche ich in drei Jahren bekommen sollte. Deswegen nahmen wir uns ab Januar 2000 die erste gemeinsame Wohnung in Berlin. Meine arme Frau hatte ja nicht die geringste Ahnung, wen sie sich da für die Scheinehe ins Haus holte. Die kommenden Ereignisse gaben ihr aber schon mal einen kleinen Vorgeschmack.

3. KAPITEL

Kurz nach Bezug der gemeinsamen Wohnung wurde es auch intim zwischen meiner Frau und mir. Oder besser gesagt, hätte es werden sollen! Da ich noch immer mit Minderwertigkeitskomplexen zu kämpfen hatte und eine anständige Performance hinlegen wollte, beschloss ich, mich vorher ordentlich »fit« zu machen. Nebenbei immer wieder mal Speed schnupfen – wie einst mit Annika – war jedoch bei meiner Frau nicht drin. Sie hatte ja mit Drogen nichts am Hut. Bevor es also zur Sache gehen sollte, ballerte ich mir heimlich eine gewaltige Ladung hinter die Binde. Als wir dann gerade beim Herummachen waren, schaute mir meine Frau ins Gesicht und begann plötzlich laut zu lachen. Erst Jahre später erzählte sie mir, was sie in diesem Moment so lustig fand. Durch den exorbitanten Speedkonsum bekam ich erhebliche Gesichtsspastiken – Kieferflash genannt – bei deren Anblick sich meine Frau einfach nicht mehr halten konnte. In jenem Augenblick fühlte ich mich jedoch derart vor den Kopf gestoßen, dass ich schlagartig die Wohnung verließ, um feiern zu gehen. Aber nicht nur für einen Abend – die folgenden 10 Monate, die wir in der Bude wohnten, verbrachte ich fast ausschließlich mit Party machen. Bis Oktober 2000 schlief ich insgesamt nur 30 Nächte in der Wohnung! Mit meiner Frau sprach ich in dieser Zeit kein einziges Wort. Währenddessen hatten wir beide auch getrennte und abgesperrte Zimmer,damit wir uns ja nicht in die Quere kamen. Der Stachel des vermeintlichen Auslachens saß eben wirklich tief, sodass ich mir vornahm, meiner Frau eine Lektion zu erteilen. Wann immer ich mir einbildete, etwas aus ihrem Zimmer zu benötigen, trat ich einfach die Türe ein. Daran war ja nur ein schlichtes Vorhängeschloss angebracht. Ich lachte mir sogar eine bildschöne Italienerin namens Emanuelle an, die für hiesige Kunst-Unis als Aktmodell arbeitete. Da in meinem Zimmer, das das Wohnzimmer werden sollte, kein Bett stand, waren wir des Öfteren im

Bett meiner Frau zugange. Als sie mit einigen Typen aus dem Milieu ankam, um die Wohnung auszuräumen, erwischte sie uns in flagranti. Da wurden ihre Augen natürlich groß! So nahm die Zeit in unserer ersten eigenen Wohnung ein eher unrühmliches Ende. Rückblickend habe ich ohne Zweifel etwas überreagiert – aber ich dachte eben, sie würde mich schamlos auslachen, da musste ich meinen Kopf durchsetzen. Hätte sie mir gleich den Grund genannt, wäre meine Reaktion definitiv anders ausgefallen. Ein Typ mit tellergroßen Pupillen, der gerade einen Kieferflash schiebt, war wohl ein amüsanter Anblick. Meine Frau zog in der Folge zu ihrer Schwester, die in Berlin ein Etablissement betrieb. Ich dagegen tingelte ein halbes Jahr durch Berlin, widmete mich meinen Geschäften und schmiss mich ordentlich ins Nachtleben. Diese Techno-Community war damals noch wie eine kleine, eingeschworene Familie, in der alles geteilt wurde. Fernab von Egoismus oder gar Lug und Betrug stand einfach nur der gemeinsame Spaß im Vordergrund. Und den gönnten wir uns reichlich! Ausufernde Partys – durchgehend von Freitag bis Sonntag, mit anschließenden

After-Hour-Sessions – gehörten zum Standardprogramm. Dank Amphetamin, Ecstasy & Co. dachte ja niemand ans Schlafen. Im Gegenteil – wir machten die Nacht zum Tag! Damals gab es ja noch legendäre Clubs, wie den alten Tresor oder das NonTox nahe der heutigen Mercedes-Benz-Arena. Dort wurde der Konsum durchaus geduldet, um es mal vorsichtig auszudrücken. Im NonTox wurde man als »Normalo« ja gar nicht hineingelassen. Hattest du dagegen riesengroße mit Augenringen untersetzte Teller auf, sodass jeder von Weitem sehen konnte, dass du gerade voll auf Sendung bist, warst du herzlich willkommen. Dieser Schuppen glich einem, einzigen Tollhaus – da war wirklich niemand nüchtern. Manche Clubs florierten geradezu, weil wir die Kunden vor dem Einlass mit Stoff versorgten. An einigen Parkplätzen verscherbelten wir an einem Wochenende 5000 E-Teile. Zwischendurch ließen wir es aber auch selbst ordentlich krachen und tanzten bis zum Morgengrauen. Wenn ich mit meinen Leuten auf Club-Tour war, vergaß ich sogar das Zocken. Da es in den Discos keine Automaten gab, kam ich erst gar nicht in Versuchung. Aber auch die beste Party musste irgendwann ein Ende haben – und dann meldete sich leider das Spielverlangen zurück. Nachdem ich mich mit meiner Frau ausgesöhnt hatte, zog ich 2002 zu ihr nach Hohenschönhausen. Dort passte ich öfter auf meinen Neffen auf – also den zwölfjährigen Sohn der Schwester meiner Frau – der regelrecht zu mir aufsah. Ich hatte auch ein richtig gutes Verhältnis zu dem Kleinen und verbrachte gerne Zeit mit ihm. Dennoch ertappte ich mich immer wieder dabei, wie ich mich wegstahl, um zu zocken oder meinen Geschäften nachzugehen. Dieser kleine, nach Aufmerksamkeit buhlende Junge, erinnerte mich an meine eigene Kindheit bzw. die Beziehung zu meiner Mutter. Nun, wo ich selbst anderen Verlockungen erlag und meinen Neffen – wenn auch schweren Herzens – alleine ließ, konnte ich das damalige Verhalten, meiner Mama besser nachvollziehen. Diese Erfahrung relativierte ihre Fehler ein wenig. Ich sah ja nun an mir, dass gar keine böse Absicht dahintersteckte, wenn ich mich wieder wegschlich, sondern ich einfach noch nicht reif genug war, um ein Vorbild zu sein. Nicht zuletzt, weil ich ein enormes Suchtproblem hatte. Eben wie damals meine Mutter. Das Zusammenleben mit meiner Frau gestaltete sich natürlich nicht immer reibungslos. Auch, wenn ich stets gute Ausreden präsentierte, war sie viel zu klug, um sich auf Dauer einen Bären aufbinden zu lassen. Abseits mancher vorprogrammierter Zankereien kam ich aber super mit ihr zurecht. Ich wusste vor allem ihren herzensguten Charakter zu schätzen, den man wirklich nicht an jeder Ecke findet. 2002 durfte ich sogar auf einen meiner ersten Thailand Urlaube mitfliegen. Ein paar Wochen blieben wir in diesem traumhaften Land, wo ich – neben der Erholung »Yaba«-Tabletten für mich entdeckte. Diese meist roten oder blauen Pillen bestehen hauptsächlich aus Methylamphetamin – also Crystal Meth – welches mit Dreckschemie versetzt wird, um den Kick zu verstärken. Vor allem, wenn man sie zerrieb und rauchte, ballerten diese Dinger enorm! 2002 startete eigentlich als gutes Jahr – da hatte ich noch keine Ahnung, dass eine Katastrophe bevorstand. Eine der letzten, schönen Erinnerungen war das Northern Lite – Sonne, Mond & Sterne-Festival, auf dem ich abging. Da die Spielsucht immer mehr ausartete, galt mein

Hauptaugenmerk dem Geldverdienen – also dem Verticken. Bei meinen engeren Freunden aus der Techno-Szene wollte ich jedoch keine unverschämten Preise verlangen. Ich gab den Stoff fast zum Einkaufskurs weiter. Fernab von Profitgier achteten wir untereinander nur darauf, dass jeder genug Material hatte, um sich nebenbei ein paar Taler dazuzuverdienen. Ob du es nun glauben willst oder nicht – an einem Kilo Haschisch verdiente ich z. B. »ganze« 50 DM. Natürlich viel zu wenig – das war ja »Idiotenverkauf«! So edel dieser Gedanke auch erscheinen mag, er war komplett falsch und wurde mir zum Verhängnis. Drogenhandel bedeutet nun mal Risiko und wenn es kracht, geht kein anderer für dich in den Bau. Und bei uns schepperte es gewaltig! Die Bullen, welche uns wohl schon länger auf dem Kieker hatten bzw. observierten, nahmen mich, meinen Mittäter sowie einen Helfer im Rahmen einer Razzia, fest. Dort wurden 375 kg Hash, 138 Ecstasy-Pillen und 38 LSD-Trips sichergestellt! Ein enormer Fund, der für uns alle U-Haft bedeutete! »Fuck! Jetzt gibt es richtig Knast, Alter! Hoffentlich finden die Bullen nicht raus, wie viel wir tatsächlich getickt haben. Das waren ja über einen Zeitraum von einem halben Jahr 5 bis 10 kg Haschisch täglich! Wenn sie davon Wind bekommen, fährst du zweistellig ein!«, lauteten meine panischen Gedanken, als mir – mal wieder – die »8« angelegt wurde. Danach brachte man mich in die JVA Moabit, wo ich 6 Monate in U-Haft saß. Diese Zeit bis zur Verhandlung war wirklich eine extreme Nervenprobe bei welcher sich alles um den ungewissen Strafrahmen drehte. Du hast eben keine Ahnung, was die Kripo noch herausfinden wird und wie lange du am Ende sitzen musst. Wir alle traten mit Pflichtverteidigern an, da uns für Wahlanwälte das Geld fehlte. Beim Prozess erlebte ich allerdings eine böse Überraschung: Unser Helfer stellte sich als Kronzeuge zur Verfügung und packte in vollem Umfang aus! Aber nicht nur er. Auch andere vermeintliche Freunde verpfiffen einander, wobei sie nicht einmal die Wahrheit sagten. Ich hätte mir nie gedacht, dass sich so viele meiner Kumpels und Bekannten auf § 31 – also den sogenannten Judasparagrafen – einlassen. Die verschiedenen Versionen ratterten nur so durch den Gerichtssaal! Man hatte den Eindruck, es kam ihnen nur darauf an, welche Aussage als wichtiger eingestuft wird. Es glich einem einzigen Trauerspiel, das mich wirklich desillusionierte! Diese falschen Fuffziger übertrumpften sich geradezu mit den kolportierten Mengen, die wir angeblich täglich verschoben. Glücklicherweise machten sie sich dadurch unglaubwürdig, weswegen man sich auf 26 kg Hasch, 8 kg Gras, 2000 Ecstasys und 38 Pappen (LSD) einigte. Jeglicher Realität entbehrend, stufte man unser Vergehen als bandenmäßiges Handel treiben mit BtM in einem minderschweren Fall ein. Totaler Schwachsinn! Wir agierten ja nun wirklich nicht wie eine strukturierte, gewinnorientierte Gruppe! Außerdem war ich schuldig des Anstiftens von Minderjährigen unter 18 Jahren zum Drogenkonsum und -handel. Dementsprechend hart fiel die Gesamtstrafe aus: Ich bekam ein Brett von 4½ Jahren! Mein Mittäter wurde zu 4 Jahren verurteilt, während unser Helfer – also der Singvogel – eine Bewährungsstrafe erhielt. Bei so einem heftigen Urteil kehrst du natürlich erst mal mit hängenden Schultern ins Gefängnis zurück. Von nun an befand ich mich also in Strafhaft, welche ich noch ein halbes Jahr in

Moabit verbrachte. Anschließend verlegte man mich in die JVA Tegel ins Haus 1 in die Zugangsabteilung. Die ersten sechs Monate teilte ich mir dort mit ständig wechselnden Mitgefangenen eine Sechs-Mann-Zelle. Als Neuling im Regelvollzug hatte ich natürlich schon ein bisschen Bammel, mir würde etwas zustoßen. Immerhin hört man ja genug Geschichten, von wegen »Seife fallen lassen« usw.! Aber das ist völlig realitätsfremd! Deutsche Gefängnisse haben nichts mit amerikanischen oder gar südamerikanischen Knästen gemein, wo wirklich die Gangs regieren. Im Grunde sind deutsche JVAs ein strengeres Wohnheim für straffällige Erwachsene. Man könnte auch von einem Ausbildungslager für Verbrecher sprechen, da du dort erst lernst, was wahre Kriminalität bedeutet. Der Bau eignet sich eben ideal, um hochwertige Connections zu sammeln bzw. größere Dinger zu planen. Wenn du aber nicht gezielt Streit suchst und dich korrekt verhältst – keine Schulden machst etc. – wirst du im Knast auch keine Probleme haben. Doch – wie immer – bestätigen Ausnahmen die Regel! Anfangs war ich noch ziemlich abgemagert, weshalb mich die Kollegen beim Training etwas belächelten. Das änderte sich aber mit zunehmendem Muskelaufbau recht zügig. Nach einem halben Jahr in Tegel wurde ich ins Haus 3 verlegt, in welchem die Langstrafen untergebracht waren. Ein ganzes Jahr verbrachte ich in diesem Schuppen, vor dem mir anfangs echt die Düse ging. Ob Mörder, Mafiosi, extreme Gewalttäter oder Vergewaltiger – hier sitzen eben die wirklich schweren Jungs. Ein Mitgefangener z. B., der schon Jahrzehnte im Gefängnis war, hatte einst seine Frau zerstückelt und sauber in Einmachgläser gefüllt. Meine 4½ Jahre zählten dort ja noch als Kurzstrafe! Um nicht unter die Räder zu kommen, musste man sich schon anpassen. Fröhlichkeit oder Lachen waren beispielsweise ein absolutes No-Go! Ich erzählte auch niemandem, dass ich vorhatte, eine Therapie – nach § 35 – zu machen, weil es bedeutete, ich würde bald herauskommen. Und das gönnen dir da drinnen nur die Wenigsten! Bei einer Reststrafe von max. zwei Jahren kann man diesen § 35 beantragen, eine vier- bis sechsmonatige Suchttherapie absolvieren, sodass anschließend die noch ausstehende Strafe zur Bewährung ausgesetzt wird. Genau das tat ich! Mir kam es aber nicht darauf an, meine Abhängigkeit in den Griff zu bekommen – nein – ich wollte nur schnellstmöglich den Knast verlassen! Nachdem ich alle Vorbereitungen getroffen und sämtliche Formalitäten erledigt hatte, ging ich also auf eine viermonatige Therapie. Dort spielte ich natürlich mit, da ein Rausschmiss meine Rückkehr in den Knast gewesen wäre. Obwohl es fernab der Wahrheit lag, erzählte ich den Therapeuten einfach alles, was sie hören wollten. Und das funktionierte super! 2005 kam ich dann endlich wieder auf freien Fuß – wenn auch mit einer ordentlichen Bewährungsstrafe im Gepäck. Nach der Therapie zog ich in eine Wohnung in der Soldiner Straße, in welcher ich – von Anfang an – keine Miete bezahlte. Ich wusste ja, der Vermieter würde neun Monate benötigen, um mich rauszuklagen. Geld fürs Zocken, wo ich ja einiges nachzuholen hatte, war allerdings genügend vorhanden. In der Nähe meiner Bude gab es einen Dönerladen, in welchem Spielautomaten standen. Dort daddelte ich wirklich von früh bis spät! Mindestens 1000 Euro investierte ich täglich ins Spielen, womit sich der Besitzer eine goldene Nase verdiente. Die Fassadenrenovierung seines Ladens wurde wohl komplett von mir bezahlt! Wenn ich mich mal vom Automaten wegbewegte, dann nur, um kurz meine Drogen zu verticken. Dealen war für mich eben ein Mittel zum Zweck und diente nur der Finanzierung meiner Zockerei. In dieser Zeit eskalierte meine Spielsucht noch einmal gewaltig! Unglaublich, wenn man bedenkt, dass ich täglich mindestens 1000 Euro in den Automaten warf, aber keine Lust hatte, meine Miete zu bezahlen. Ich kümmerte mich nicht mal um meine zahlreichen Bewährungsauflagen, die mir vom Gericht auferlegt wurden. So hatte ich z. B. eine ambulante Therapie zu absolvieren, welche ich jedoch schon bald nicht mehr besuchte. Auch bei meinem Bewährungshelfer meldete ich mich nur äußerst selten, was natürlich keinen guten Eindruck machte. Die zuständige Strafvollstreckungskammer Berlin sah da wirklich lange zu, ohne einzuschreiten! Die Schwester meiner Frau lernte in Trier einen Mann kennen und zog nach Trier, wo sie später ein Bordell betrieb. Meine Frau, die langsam einsah, dass ich zwar ein gutes Herz habe, aber ein hoffnungsloser Fall bin, folgte ihr Ende 2005. Ich hingegen drehte noch einmal ordentlich am Rad – zockte wie ein Verrückter, wickelte unbeirrt meine Geschäfte ab und ging regelmäßig feiern. Leider hatte sich in der Techno-Szene ein entscheidender Wandel vollzogen, der mir gar nicht gefiel. Die Leute wurden immer egoistischer und falscher! Der einst einzigartige familiäre Spirit in der Szene war längst von Lügen und Heuchelei verdrängt worden. Bei einer After-Hour bekam ich sogar mit, wie man einem Typen – in seiner eigenen Bude – eine 100g-Hasch Platte stahl und sie danach einfach weiterverkaufte, als sei nichts gewesen. Obschon es viele mitbekamen, machte niemand den Mund auf. So etwas geht eben gar nicht! Auch im Drogenhandel gab es das ein oder andere Problem. Mein Geschäftspartner und ich holten uns einen Geldeintreiber dazu, welcher zahlungsunwillige Kunden zum Umdenken bewegen sollte. Als ich selbst mal 1000 Euro Schulden bei ihm hatte, hetzte er mir unseren eigenen Eintreiber auf den Hals. Einen ganzen Tag lang fuhren wir durch die Stadt, während er mir immer wieder aufs Übelste drohte. Neben meiner Frau rief ich sogar meine Mutter und meine Oma an, um an das

Geld zu kommen. Zum Glück hatte ich ihnen vorab schon eingebläut, am Telefon nie einzuknicken, wenn jemand Kohle fordert. Obwohl es eine heftige Nummer war, der Typ richtig Druck machte und ich an meine Grenzen kam, hatte ich abends – anders als angedroht – noch alle Finger an der Hand. Genau hier ist eben der Unterschied zur wirklich organisierten Kriminalität, wie man sie z. B. in Südamerika oder bei Rockerbanden findet. Während dort ein Leben nicht viel wert ist, haben die meisten – bei uns – Hemmungen, den letzten Schritt zu gehen und tatsächlich rohe Gewalt anzuwenden. Aus diesem Grund hielt ich mich ganz bewusst von Bikern, wie den Hells Angels fern, da diese Jungs definitiv keine Ausreden akzeptieren. 90 % unserer Dealer arbeiten dagegen mit Einschüchterung und Show, schrecken jedoch vor den entscheidenden Taten zurück. Ich war ohnehin eher ein Geschäftsmann, der versuchte, mit Überredungskünsten und Suggestion zu überzeugen – womit ich aber stets Erfolg hatte. 2005 kam es auch hinsichtlich meines Drogenkonsums zu einer Eskalation. Bis oben hin vollgepumpt, mit Speed, Crystal und Kokain, war ich ganze zwei Wochen durchgehend wach, weshalb ich schon regelrechte Wahnvorstellungen bekam. Ich traf mich mit einem Kunden in einer Bar, als plötzlich der Verfolgungswahn einsetzte. Ich hatte gerade frischen Stoff bekommen und wollte diesen verstauen. Hinter jedem Passanten vermutete ich einen Zivilpolizisten – jede noch so unscheinbare Situation schien mir eine verdeckte Polizeiaktion zu sein, die darauf abzielte, mich hochzunehmen. Zudem schob ich üble Halluzinationen – von wegen, mein Ticker wäre hinter mir her, um sein Geld einzutreiben. Ich realisierte, dass etwas überhaupt nicht stimmte und ich mich dringend freiwillig einweisen lassen musste. Am Bahnhof, auf dem Weg zur Psychiatrie, wurde ich von der Bundespolizei aufgegriffen, da ich wohl herumlief wie ein Ferngesteuerter. Als ich ihnen mein Ziel nannte und versprach, mich sofort dort hinzubegeben, ließen sie mich passieren. Völlig verwirrt fuhr ich mit dem Taxi nach Hause, um meine Sachen für die Psychiatrie zu packen und etwas Geld von meiner Mama zu holen. In meiner Paranoia schob ich sogar ein Küchenmesser ein. Während der Fahrt schoss mir durch den

Kopf – falls mein Dealer auftauchen würde – ihn, zusammen mit dem Taxifahrer, plattzumachen und mich anschließend selbst umzubringen. Das war wirklich kein Spaß mehr und hätte – ohne Behandlung – übel ins Auge gehen können! Drogenkonsum, verbunden mit erheblichem Schlafentzug kann nun mal ernste psychische Schäden verursachen. In der Psychiatrie wurde dann eine drogeninduzierte, schizophrene Psychose diagnostiziert, welche man – binnen drei Wochen – medikamentös gut therapieren konnte. Nach meiner Selbstentlassung auf eigene Verantwortung, war ich glücklicherweise wieder voll genesen und trug keine Folgeschäden davon. Nachdem ich meine Wohnung räumen musste, stetig Scherereien mit dem Gericht hatte und generell nichts mehr in Berlin kappen wollte, zog ich Anfang 2006 nach Trier zu meiner Schwägerin. Zuvor hatte die Strafvollstreckungskammer Berlin schon angekündigt, die Bewährung zu widerrufen, wenn ich nicht in die Gänge käme – sie würden sich ein Veto vorbehalten. Das war jedoch gar nicht nötig! Da ich auch in Trier nichts an meinem Verhalten änderte und man sich in Rheinland-

Pfalz nicht so lange auf der Nase herumtanzen ließ, wurde meine Bewährung 2006 widerrufen. Also fuhr ich in die JVA Trier ein, um meine Reststrafe abzusitzen. Dabei handelte es sich um einen recht kleinen Knast ohne Ausbildungsmöglichkeiten, in welchem die arbeitenden Insassen Schrauben abzählten. Wenige Monate vor Endstrafe, 2008, wurde ich dann doch, erneut auf Bewährung entlassen. Das ist ein ziemlich beliebtes Vorgehen der JVAs, da man sich die Leute so noch an der langen Leine hält. Nur die Wenigsten lehnen dieses Angebot ab, dafür ist der Freiheitsdrang einfach zu groß. Danach ging das Zocken jedoch unbeirrt weiter, ebenso wie der Drogenhandel. So nah an der holländischen Grenze und mit ausgezeichneten Connections ausgestattet, spülte ich ordentlich Kohle in meine »Zockerkasse«. Auch die Qualität der Drogen konnte sich sehen lassen. Die Leute labern ja generell immer, von 90 % Reinheitsgehalt usw., was aber völliger Blödsinn ist. Während z. B. Speed in der Disco durchschnittlich nur 8 % Wirkstoffgehalt hat, war das Zeug hier weitaus potenter. Leider ist in Rheinland-Pfalz auch die Drogenfahndung ziemlich auf

Zack – weshalb es 2009 erneut zum Crash kam. Ich hatte mir aus Köln 1 kg Gras sowie 1 kg Amphetamin liefern lassen – beides in Spitzenqualität. Am nächsten Tag befand ich mich mit dem Stoff –gerade in der Wohnung meines Kumpels, als die Bullen die Bude stürmten und uns hopsnahmen. Das folgende Spielchen kannte ich ja schon: Anlegen der »8« und ab in die U-Haft! Diese verbrachte ich in der JVA Wittlich, bis die Verhandlung anstand. Als Bewährungsversager und unbelehrbarer Wiederholungstäter hatte ich da natürlich nicht die besten Karten. Da man in Deutschland nach Wirkstoffgehalt bestraft wird, war die hohe Qualität der Drogen auch nicht gerade förderlich. Der Richter donnerte mir eine 4-jährige Haftstrafe wegen Drogenhandels in nicht geringer Menge an den Kopf, als würde er Bonbons verteilen. Nach der Verhandlung verbrachte ich noch eine kurze Zeit in der JVA Wittlich, ehe ich 2010 in die JVA Zweibrücken verlegt wurde. Während mein Spitzname am Anfang aufgrund meiner dünnen Statur Fischstäbchen war, nannte man mich später in Zweibrücken Bachforelle. Dort war eine Tischlerlehre möglich, welche ich

Ende 2011 erfolgreich abschloss. Den Rest meiner Haft wollte ich auch in Zweibrücken verbringen, weil es mir besser gefiel und ich kurz vor meinem ersten Ausgang stand. Außerdem wurden verschiedene Weiterbildungsmaßnahmen angeboten – wie ein Computerkurs, den ich absolvierte. Zudem fand ich einen Weg, auch im Knast, völlig legal an meine Drogen zu kommen. Ich hatte den Psychologen an der Nase herumgeführt und ihm vorgemacht, ich würde an ADHS leiden. Obwohl diese Diagnose draußen noch nie gestellt wurde, verschrieb er mir Medikinet. Das ist sozusagen ein Retard-Pendant zu Ritalin, mit dem Wirkstoff Methylphenidat – also ein Amphetaminderivat, das unter die BtM-Verschreibungsordnung fällt. Besseres Speed ist auf der Straße kaum zu bekommen! Ich erhielt einmal täglich zwei 40mg Kapseln, welche für jeweils 24 Stunden gedacht waren. Anstatt das Medikament jedoch, wie vorgesehen, zu schlucken, holte ich es ruckzuck wieder aus dem Mund, um es in meiner Hosentasche verschwinden zu lassen. Das ging so schnell, dass der mich überwachende Wärter nichts mitbekam! Als ich die Kapsel auf die Zelle geschmuggelt hatte, öffnete ich sie, um den Inhalt zu schnupfen. Damit umging ich die Retardwirkung, was mir einen gehörigen Kick verschaffte! Sogar im Bau gelang es mir also, die sogenannten Experten zu verarschen und mir mein High abzuholen. Kurz vor meinem geplanten Ausgang kam es jedoch zum Eklat. Damals war Spice sehr beliebt im Knast – also diese extrem starken, synthetischen Cannabinoide, deren Wirkung kaum vorhersehbar bzw. kontrollierbar ist. Ich hatte 3,5 g in meiner Unterhose versteckt, als ich auf dem Flur einen Kollegen traf, der Subutex vertickte. Das ist ein hochpotentes Opioid mit dem Wirkstoff Buprenorphin, welches als Heroinersatzstoff verwendet wird. Darüber hinaus findet es unter dem Handelsnamen Temgesic in der Schmerztherapie Anwendung. Im Knast sind diese Tabletten heiß begehrt! Also beschlossen wir zu tauschen. Ich gab ihm etwas Spice und im Gegenzug ließ er mich eine Nase vom klein gestampften Subutex ziehen. Dazu gingen wir auf die Toilette. Leider rannte er noch kurz raus, um ein Röhrchen zum Sniefen zu holen, was von den Überwachungskameras erfasst wurde. Nachdem ich die Nase gezogen hatte und Zeit zum Einrücken war, wurde ich von der Sicherheit zur Leibesvisitation- herausgezogen. Die vermuteten wohl eine Drogenübergabe. Blitzschnell konnte ich das Briefchen mit dem Spice noch aus meiner Unterhose holen und schlucken, bevor es den Beamten in die Hände fiel. Sie sahen natürlich, dass ich gerade versuche, etwas zu verschlucken – die Regularien verboten aber, mir an oder in den Hals zu fassen. Ihnen blieb nichts anderes übrig, als zuzusehen, bis ich das Zeug heruntergewürgt hatte – was geschlagene 20min dauerte. Die Bitten der Sicherheit, den Stoff doch herauszugeben, ignorierte ich konsequent. Immerhin hätte das eine neue Anklage wegen Drogenbesitzes nach sich ziehen können. Die Wärter wussten zwar, dass ich etwas intus hatte – aber eben nicht, was. Also brachte man mich in den Bunker, die Beobachtungszelle, wo ich – bei geöffneter Tür – 24 Stunden von einem Beamten überwacht wurde. Immer wieder redeten Psychologen und Sozialarbeiter auf mich ein, doch bitte zu sagen, was ich genommen habe, da dies meine Gesundheit gefährden könne. Das kam jedoch gar nicht infrage. Ich erinnere mich genau an jenen Dienstag, der aber noch viel heftiger werden sollte. Abends verflüchtigte sich langsam die Opiatwirkung des Subutex, welches – im Gegensatz zu Spice – per Teststreifen nachweisbar war. Schon bevor sie mich in die Beobachtungszelle steckten, machten sie einen Test, der bei Morphinen anschlug. Als das Subutex weg war, spürte ich plötzlich einen immer stärker werdenden Turn. Mir schwante Böses: Das Päckchen Spice hatte sich in meinem Magen aufgelöst – ganze 3,5 g! In den folgenden Stunden überrollte mich ein heftiger und extrem unangenehmer Trip, der – neben dem Körper – auch meine Psyche flachlegte. Teilweise war ich regelrecht bewegungsunfähig und hatte immer wieder komplette Blackouts. Halbwegs bei Sinnen verlor ich mich in ekelhaften Halluzinationen, die das Potenzial hatten, mich um den Verstand zu bringen. Mein Glück war, dass ich mir hartnäckig einredete, ich hätte – statt Spice – nur zu viel Cannabis geschluckt und dieser Turn würde bald wieder abklingen. So rettete ich meine Psyche! Sich auf die psychedelische Wirkung zu konzentrieren und dabei die Nerven zu verlieren, wäre definitiv gefährlich gewesen! Nur um das zu verdeutlichen: Wenn sechs

Häftlinge eine Zigarette mit etwa ½g Spice rauchen, ist jeder hackedicht! In meinem Körper zirkulierten ganze 3,5 g – also ein echter Horrortrip! Alle zwei Stunden kam ein Sanitäter, um meinen Blutdruck zu überprüfen. Am nächsten Tag schien der Spuk vorbei zu sein. Doch kaum nahm ich den ersten Zug von meiner (normalen) Zigarette, gingen wieder komplett die Lichter aus! Am Donnerstagmorgen stabilisierte sich die Lage etwas. Anschließend folgte ein Bestätigungstest, welcher erneut positiv auf Morphine ausfiel. Für die Anstandsleitung war das Grund genug, mich in meinen Stammknast nach Wittlich zurückzuschicken. Meine Lockerungen konnte ich nun also vergessen. Da sich meine Reststrafe auf die Zwei-Jahresgrenze bewegte, bemühte ich mich erneut um eine Therapie nach § 35. »Nun meine ich es wirklich ernst – ich will das Problem bei der Wurzel packen – ich möchte mein Leben maßgeblich verändern etc.«, all diese Vorsätze gingen den entscheidenden Personen runter wie Öl. Auch wenn es mir tatsächlich nur darauf ankam, schnellstmöglich den Knast zu verlassen, wurde mir die Therapie genehmigt. An meiner Einstellung hatte sich dagegen überhaupt nichts geändert. Ich war eben ein geübter Lügner und wusste, wie man die Leute überzeugt. 2013 stand dann meine vorzeitige Entlassung an. Nach drei Monaten in der Fachklinik Landau war ich wieder ein freier Mann. Da ich aber schon zum zweiten Mal eine langjährige Haftstrafe verbüßte, bekam ich – neben der Bewährung – auch Führungsaufsicht auferlegt. Bei Verstoß gegen die entsprechenden Auflagen der Führungsaufsicht konnte man mich also bis zu einem Jahr einsperren – ohne jegliche Anklage! Trotz dieser Bürden dachte ich gar nicht daran, mich wie ein Musterknabe zu verhalten. Als ich aus der Therapie entlassen wurde, ging ich – noch am selben Tag – zum Arzt, um mir Medikinet verschreiben zu lassen. Kaum das BtM-Rezept erhalten, lief ich zur Apotheke und holte mir eine 50-Stück-Großpackung. So viel Medikinet war ein gutes Starterset für meinen geplanten Partytrip! Denn genau das wollte ich: Ordentlich freidrehen! In der richtigen Dosierung wirkte dieses apothekenreine Amphetaminderivat besser als jedes Straßenspeed! Schon bevor ich mich mit Knastbekannten zum Feiern traf, war ich ohne Ende drauf. Drei Tage lang stürzte ich mich ins Nachtleben – ein drogenverseuchter Absturz à la bonne heure! Wohl nicht gerade das, was sich die Therapeuten vorstellten, als sie mich entließen. Auf dem Rückweg nach Trier kam es am Bahnhof Kaiserslautern zu einem unglücklichen Zwischenfall. Ich war immer noch vollkommen auf Sendung, was einer Polizeistreife auffiel. Bei der anschließenden Kontrolle fanden sie dummerweise die zehn Gramm Cannabis, die ich in der Tasche hatte. Davon relativ unbeeindruckt kehrte ich nach Trier zurück, um mich hemmungslos dem Zocken hinzugeben. Auch das Dealen ging weiter, als wäre ich nie im Knast gewesen. Mit lukrativen Kontakten ausgestattet, stießen meine Geschäfte sogar in ungeahnte Dimensionen vor. Leider verlor ich auch jegliche Kontrolle über mein Spielverhalten, welches immer öfter von exzessivem Drogenkonsum begleitet wurde. Anstatt meine Dealer zu bezahlen und neuen Stoff zu besorgen, verprasste ich die Gewinne komplett, was unweigerlich zu Schulden führte. Als ich mit 300 Euro in der Kreide stand, kam ich auf eine absolut bescheuerte Idee. Würde ich diese

Miesen nicht begleichen, bekäme ich kein neues Material auf Kommission. Also ging ich heimlich an den Tresor meiner Frau und holte mir die Kohle heraus. Eine typische Kurzschlussreaktion eines Glücksspielsüchtigen eben! Meine Tat rechtfertigte ich mit den üblichen Ausreden: Du leihst es dir ja nur aus, du wirst es bald zurückzahlen etc.! Anstatt wie geplant meine Schulden zu tilgen, rannte ich jedoch zum nächstbesten Automaten, wo ich das ganze Geld verzockte. Angetrieben von der Illusion, doch noch etwas gewinnen zu können, stahl ich mir erneut Kohle aus dem Tresor. Und wieder, ab zum Daddeln! Achtmal zog ich dieses Spielchen durch, bis ich schließlich den gesamten Safe leerräumte. Alle Ersparnisse verballerte ich an ein und demselben Automaten – während die 300 Euro Schulden heute noch offen sind. Im Nachhinein plagten mich natürlich erhebliche Gewissensbisse. Nicht nur, dass ich mich mit der hoffnungslosen Leere auseinandersetzen musste, welche zwangsläufig nach dem Zocken eintrat. Nein! Ich hatte auch – mal wieder – meine Frau hintergangen, was ich mir kaum verzeihen konnte. Ihre Reaktion folgte auf dem Fuß: Ich wurde vor die Tür gesetzt, weshalb ich zeitweise bei einem Kumpel unterkam. Wenn zwei »Truffis« aufeinander sitzen, kommt natürlich nichts Gutes dabei raus! Einander animierend explodierte der Drogenmissbrauch geradezu und mündete in zahlreichen Totalabstürzen! Da ich vom heftigen Amphetaminkonsum ziemlich durch war und nicht mehr klarkam, ließ ich mich erneut in die Psychiatrie einweisen. Mein Zustand hatte zwar nicht jene beängstigenden Ausmaße wie damals in Berlin, erreicht – dennoch verbrachte ich drei Wochen in der Klinik. Anschließend reifte in mir, zumindest halbherzig, die Absicht, mein Leben in den Griff zu bekommen. Um der hiesigen Szene zu entfliehen, zog ich zurück nach Brandenburg. Meine mit Elektroheizung ausgestattete Wohnung erwies sich jedoch als ziemlich teuer und auf Dauer kaum bezahlbar. Auch meine guten Vorsätze warf ich bald über Bord. Zum einen traf ich rasch alte Bekannte wieder, mit denen ich ausgiebig konsumierte und profitable Geschäfte machte. Außerdem spielte es keine Rolle, wo ich war – ich konnte der Spielsucht einfach nicht entkommen. Und Automaten gab es schließlich überall! Nachdem sich die Wogen geglättet hatten, kam mich meine Frau 2014 in Brandenburg besuchen. Anstelle eines freudigen Wiedersehens folgte aber eine haarsträubende Aktion, für die ich mich heute noch schäme. Absolut auf Zockermodus geschaltet, stahl ich meiner Frau das gesamte Geld aus dem Portemonnaie. Damit fährst du auf Berlin, holst dir 100 g Gras und vertickst es gewinnbringend, war mein wahnwitziger Gedanke. Anschließend könnte ich die Kohle ja zurücklegen, ohne dass sie etwas bemerken würde. So wären alle glücklich und zufrieden. Ich weiß, wie bescheuert das klingt – aber das Gehirn eines Süchtigen tickt nun mal anders! Es wird dich wohl nicht überraschen, dass auch dieser »tollkühne« Plan fehlschlug. Kaum die Wohnung verlassen, lockten mich die Automatengeräusche aus den Lokalen. Diese tief eingeprägten Töne zogen mich magisch an – wie Odysseus, der dem Gesang der Sirenen nicht widerstehen konnte. Ehe ich mich versah, stand ich ratlos vor dem Automaten – hatte die ganzen Moneten verzockt. Solch eine schäbige Aktion für ein paar blinkende Lichter? Ich kam mir verdammt mies vor! Während ich zur Wohnung zurücktrottete, überlegte ich mir, wie ich es meiner Frau am schonendsten beibringen konnte. Irgendwie wollte ich ihr vermitteln, dass es mir wirklich extrem leidtat. Eine Art Geste, eben! Diese sollte so schockierend sein, dass sie von der Niederträchtigkeit des Klauens ablenkte. Ich schätze, da schoss ich übers Ziel hinaus! Während ich meiner Frau vom Diebstahl erzählte, schnappte ich mir kurzerhand ein Messer und schnitt mir die Pulsadern auf. Natürlich so, wie man es »falsch« macht! Anstatt die Arterien längs aufzuschlitzen, führte ich die Klinge quer übers Handgelenk. Aber auch das reichte für ein regelrechtes Blutbad. Glücklicherweise hatte meine Frau noch 50 Euro in einem Geheimfach ihres Geldbeutels, sodass wir ein Taxi zum Krankenhaus rufen konnten. Dort wurde ich dann zusammengeflickt. Zum Erstaunen der Ärzte kamen keine Sehnen zu Schaden. Bis auf eine Narbe erinnert also nichts mehr an diese Verzweiflungsaktion, welche wirklich ein Paradebeispiel meiner damaligen Impulsivität ist. Diese teure Wohnung verließ ich bald wieder und wollte eigentlich nach Berlin ziehen. Ich hatte jedoch noch ein viel größeres Problem.

Der Druck der Führungsaufsicht wurde immer intensiver. Ich musste dringend etwas unternehmen, um nicht im Knast zu landen. Neben dem Zocken hatte ich ja auch an meinem Konsumverhalten nicht das Geringste geändert. Da die Behörden zeitnah Resultate erwarteten, entschied ich mich 2014 für Synanon. Dabei handelt es sich um eine ursprünglich in den USA gegründete Drogenselbsthilfegruppe, welche seit 1971 auch in Berlin aktiv ist. Ihren Ruf als Sekte verdankt Synanon wohl den dubiosen Geschehnissen in den USA, wo die Organisation wirklich fragwürdige Züge annahm und 1991 alle Aktivitäten einstellte. Synanon Deutschland muss man aber komplett getrennt betrachten und es hat nichts mit einer Sekte zu tun. Darüber hinaus ist Synanon die einzig staatlich anerkannte Therapieeinrichtung Deutschlands, für die es keiner Kostenzusage bedarf. Genau aus diesem Grund ging ich dorthin! Eine Besonderheit bei Synanon stellen die Angestellten dar, welche zu 100 % aus Ex-Usern bestehen. Vom Alkoholiker, über Junkies und Tablettenabhängige, bis hin zur Polytoxikomanie ist alles vertreten. Ausgenommen sind nur die Leute aus dem

Vorstand, welche tatsächlich nichts mit Stoff am Hut haben. Bei Synanon konnte man wirklich zu jeder Zeit aufkreuzen, wobei es keine Rolle spielte, wie kaputt man aussah. 24h-Aufnahmezeit, wo gibt es das schon? Nirgends! Die Tatsache, dass man jeden noch so prallen Typen hineinließ, war aber auch die einzige Annehmlichkeit. Wie alle Bewerber musste ich auf einer langen, hölzernen Anmeldebank warten – platt gesessen von Generationen zerstörter Existenzen. Ich stellte schnell fest, dass Synanon eine, ziemlich harte Linie fährt. Neben den üblichen Verboten, wie Drogen, Alkohol oder Gewalt, waren auch Tabak und sogar Zucker untersagt. Daran musste man sich erst mal gewöhnen. Grundsätzlich befand ich das Konzept, mit Ex-Süchtigen als Therapeuten, jedoch für eine gute Idee. Im Gegensatz zu normalen Sozialarbeitern kannst du einem ehemaligen Banditen eben nicht so leicht etwas vormachen. Eine völlig neue Erfahrung waren die überall angebrachten, Konfliktbriefkästen. Da unter der Woche ein striktes Streitverbot herrschte, hatte man die Möglichkeit, dort eine Nachricht einzuwerfen. In dieser nannte man die Person, mit der es ein Problem gab. Am Freitag –gab es die Zettelgruppe, in der man dann seine Konflikte besprechen konnte – sofern man denjenigen bei sich in der Gruppensitzung hatte. Solange es in einem gewissen Rahmen blieb, konntest du der jeweiligen Person alles an den Kopf werfen, was dich störte. Diese musste ruhig bleiben und sich die Vorwürfe anhören, ohne dich zu unterbrechen. Erst eine Woche danach hatte die andere Partei Gelegenheit, sich zu rechtfertigen und ihre Sicht der Dinge vorzutragen. Was meist aber als Retourkutsche ausgelegt wurde. Da lernte ich wirklich, anderen Leuten bedingungslos zuzuhören! Auch Arbeiten gehörte zum Pflichtprogramm. Ich war in der kalten Küche eingeteilt – ein typischer Acht- Stunden-Job eben! Alles in allem kam ich dort gut zurecht, erarbeitete mir auch rasch einige Privilegien. Was Synanon angeht, bin ich tatsächlich etwas zwiegespalten. Einerseits ist es eine Topeinrichtung, von der man definitiv profitieren kann. In diesem Punkt würde ich den Laden jedem empfehlen! Hinsichtlich des Finanzgebarens gibt es aber einige Kritikpunkte. Abseits der Spenden finanziert sich Synanon ja durch die Sozialhilfebeiträge ihrer Bewohner, welche im Gegenzug freie Kost und Logis erhalten. Hinzu kommt ein monatliches Taschengeld, das – trotz Arbeit – aber nie 300 Euro überschreiten wird. Deshalb versucht die Leitung, die Patienten so lange wie möglich dazubehalten. So gab es Leute, die ihr ganzes Leben bei Synanon verbrachten. Wenn man bedenkt, wie viel Kohle die Verantwortlichen noch mit ihren verschiedenen Betrieben scheffeln – z. B. mit dem Umzugsservice – bleibt schon ein fader Beigeschmack. Pure Geldmacherei eben! Als ich der Führungsaufsicht die entsprechenden Therapienachweise geliefert hatte, war es Zeit, meine Zelte bei Synanon abzubrechen. Bei der Abmeldung hätte ich wieder ewig auf dieser harten Holzbank warten sollen, was ich nicht tat. Also entschied ich mich für den schnelleren Weg und türmte durchs Klo-Fenster! Vor dem Hintergrund, dass ich immer noch erheblichen Behördendruck hatte, ging ich zum BSTW e. V – also zum betreuten Wohnen. Der Kontakt kam durch meine Bewährungshelferin zustande. Auch wenn es dort Sozialarbeiter gab, kam mir nicht in den Sinn, etwas an meinem Spielverhalten oder meinem

Drogenkonsum zu ändern. Ganz und gar nicht! Da ich beim Gesundheitsamt Urinkontrollen abgeben musste, stellten die Drogen aber ein erhebliches Problem dar. Ein positiver Test bedeutete Knast! Ich hatte jedoch auch keinen Bock, damit aufzuhören. Da war aufs Neue Initiative gefragt! Also bestellte ich mir im Internet einen täuschend echten Silikonpenis, durch den man Flüssigkeit leiten konnte. Zu Hause machte ich sogleich die Probe aufs Exempel. Ich besorgte mir sauberen Fremdurin, zog ihn in einer Spritze auf und injizierte die Brühe in das Gummigemächt. Anschließend steckte ich mir das Teil in die Hose und löste – durch eine »Push«-Funktion – den Urinstrahl aus. Das sah wirklich verdammt echt aus! Der Härtetest war natürlich das »Abpissen« im Gesundheitsamt, den mein Fake-Penis jedoch mit Bravour bestand. Der Beamte sah mit Argusaugen auf »mein« Glied, merkte aber überhaupt nichts. Dank dieses hilfreichen Gadgets überstand ich meine Führungsaufsicht! Mein echter Urin wäre bei einem Test nämlich so positiv wie nur was gewesen. Lediglich einmal gab es einen kleineren Aufstand, da ich zum Aufziehen des Fremdurins eine verunreinigte Spritze benutzte – was im Labor auffiel. Mit etwas Redegeschick konnte ich aber auch dieses Malheur aufklären. Die folgenden Urinkontrollen waren ja wieder einwandfrei. Man muss sich das mal auf der Zunge zergehen lassen: Während der kompletten fünfjährigen Führungsaufsicht, die mit hochsensiblen Urintests überwacht wurde, war ich voll auf Sendung! Vom täglichen Kiffen ganz zu schweigen! 2017 ließ ich das betreute Wohnen hinter mir und zog nach Ahrensfelde, wo meine Schwägerin ein Etablissement eröffnet hatte. Dort wohne ich heute noch mit meiner Frau zusammen und fungiere als Hausmeisterhelfer. Wann immer auf dem Gelände etwas zu reparieren ist oder eine helfende Hand gebraucht wird, bin ich zur Stelle. Bei freier Kost und Logis erhalte ich sogar ein bisschen Taschengeld. Natürlich habe ich da nichts zu sagen und bin keine Nummer hier, die eine Rolle spielt, das will ich gar nicht verhehlen. Aber, für den Moment reicht es mir, mit meiner Frau zusammenzuleben und meine Ruhe zu haben. Was in Zukunft geschieht, ist eine, ganz andere Frage. Bevor ich darauf zu sprechen komme, muss ich jedoch erst mal die zeitliche Lücke – zwischen 2017 und heute – füllen. Diese 3000 DM, die noch für die Scheinehe fließen sollten, sah ich übrigens nicht mehr. Wenn ich aber überlege, wie oft mir meine Frau sowie ihre Familie finanziell unter die Arme griffen, komme ich mindestens auf das Zehnfache davon. Die Beziehung zu meiner Gattin hat sich über die Jahre etwas kontrovers entwickelt. Einerseits liebe ich sie und schätze ihre gutherzige Seele ungemein. Da sie jedoch stets ihrem Job nachging, kann man nicht wirklich von einem normalen Intimleben sprechen. Wenn ich es mit einem Wort beschreiben müsste, wäre das pragmatisch. Der Sex ist eben ziemlich mechanisch und auf meinen Lustgewinn ausgelegt. Von einer gewissen Professionalität geprägt, welche ihr Job nun mal mit sich bringt. Irgendwie kann sie das selbst zu Hause nicht abstellen. Auch wenn ich es eine Weile genoss, ist es nicht jene Intimität und Vertrautheit, die man sich in einer Partnerschaft wünscht. Das Grundvertrauen betreffend, ging natürlich einiges kaputt zwischen uns, was absolut meine Schuld ist. Da habe ich einfach zu viel Kredit verspielt – im wahrsten Sinne des Wortes! Es scheint immer noch, als hätte mich meine Frau vollkommen aufgegeben. Diesbezüglich muss ich ihr erst dauerhaft zeigen, dass ich mich tatsächlich geändert habe. Seit 15. 11. 2022 bin ich nämlich glücksspielfrei! Dazu kam es wie folgt. Wegen der zunehmenden Schutzregelungen, die in Spielhallen und an den Automaten selbst Einzug hielten, verlor ich etwas den Spaß am Zocken. Aus heutiger Sicht sind diese Bestimmungen natürlich absolut sinnvoll, es gibt sogar noch viel Luft nach oben! Damals ging mir dadurch aber in gewisser Hinsicht meine geliebte Spielerkultur verloren, weshalb ich mich immer mehr den Online-Casinos zuwandte. Ein weiterer Grund für diesen Switch waren die vielen Freispiele, mit denen die Anbieter Neukunden anlockten. Teilweise bekam man ja alleine für die Anmeldung mehr als 20 sogenannte »Free Spins« inkl. Startbonus. Für einen Spielsüchtigen war das natürlich ein höchst reizvolles Angebot – ich erkannte auch sogleich eine Lücke im System. Um möglichst viele Freispiele einzuheimsen, meldete ich mich gleich unter mehreren Accounts an. Diese Nummer zog ich bei einigen Online-Casinos ab. Wie jedem

Glücksspielabhängigen ging es mir ja nicht ums Gewinnen, sondern um das Zocken an sich – eben die Zeit, in welcher man der Realität entfliehen kann. Je mehr Accounts ich anmeldete, desto mehr Freispiele und Boni standen mir zur Verfügung. Erstaunlicherweise benötigten die Gaming-Dienstleister eine ganze Weile, um die Zugangsdaten zu überprüfen. Oft vergingen Wochen, bis ich ein Anschreiben erhielt. Eine Ausnahme stellten nur die US-Anbieter dar, welche dir ziemlich schnell aufs Dach stiegen. In der Zwischenzeit konnte ich jedoch ungestört zocken – erspielte mir teilweise sogar höchste Level, die eigentlich nur bei extrem hohen Einsätzen erreichbar waren. Irgendwann hatte ich jedoch alle Online-Casinos abgegrast und Anschreiben mit der Bitte um Aufklärung häuften sich. Manche Anbieter sperrten meine Accounts auch komplett. Da die meisten Nachrichten auf Englisch formuliert waren, was ich nicht beherrschte, gestaltete sich die Kommunikation schwierig. Da fing die ganze Geschichte schon an, mich gewaltig zu nerven. Also bat ich Freunde und Bekannte, mit ihren Zugangsdaten Accounts erstellen zu dürfen. Bei Gewinn wollte ich sie beteiligen. Rückblickend war das natürlich eine dumme Idee, auf die sich auch keiner einließ. Als die Anbieter jedoch begannen, Spielgewinne und harterkämpfte Levels einzuziehen, platzte mir der Kragen. Solange das Chaos um die verschiedenen Accounts nicht geklärt sei, hätten sie das Recht dazu, hieß es in deren Erklärung. »Ne`, die Scheiße brauchst'e dir nicht mehr zu geben. Das gibt's doch nicht – da hab' ich kein Bock mehr drauf!«, rumorte es in mir. Ich war schon länger angefressen und genervt von all den Widrigkeiten, die mit der Zockerei einhergingen. Aber in diesem Moment legte sich ein Schalter um! Ich packte mich bei meinem eigenen Stolz und schwor mir, mit dem Spielen aufzuhören. Das war an jenem 15. 11. 2022 – seitdem habe ich nicht mehr gezockt. Weder am Automaten noch bei Online-Casinos! Wenn ein hoffnungsloser Fall wie ich es geschafft hat, das Zocken endlich hinter mir zu lassen, kannst du das auch. Unzählige Therapeuten verzweifelten an mir, da ich es eben nie ernst gemeint hatte. Ob nun, um früher aus dem Knast freizukommen oder nicht wieder einzufahren – Therapien waren für mich stets nur ein

Mittel zum Zweck, das ich gnadenlos ausnutzte. Therapieangebote können zweifelsohne eine nützliche Hilfestellung sein, vor deren Inanspruchnahme man sich auch nicht scheuen sollte. Wenn aber der absolute innere Wille fehlt, tatsächlich etwas zu verändern, sind sie von Anfang an zum Scheitern verurteilt. Diese Absicht kann dir aber niemand implementieren, die musst du schon ganz alleine entwickeln! Deswegen lautet mein Rat an Angehörige, ihre spielsüchtigen Familienmitglieder gnadenlos fallen zu lassen. So hart es auch klingen mag, gerade weitere finanzielle Unterstützung ist absolut kontraproduktiv. Solange ein Abhängiger noch einen Zufluchtsort hat bzw. eine Möglichkeit, seine Sucht aufrechtzuerhalten, wird er höchstwahrscheinlich nichts ändern. Erst wenn man bis zum Hals in der Scheiße steckt und gezwungen ist, sich mit seinem Dilemma auseinanderzusetzen, kann ein wahrer Veränderungswille aufkeimen. Dafür muss wirklich alles nerven! Sei es Miete bezahlen, der Gang zum Sozialamt, der ständige Zwang, Geld zu beschaffen oder das stetige Wegbrechen von sozialen Kontakten – all das soll dir bewusst werden und dich richtig ankotzen! Angehörige dürfen das Handeln von Abhängigen nicht mit ihrem eigenen vergleichen. Wo ernste Sucht beginnt, hört jegliche Vernunft auf! Alkohol, Drogen, Glücksspiel oder sonstige suchterregende Laster wirken nun mal intensiv auf das Belohnungszentrum im Gehirn. Sind die Kernreize dort erst einmal fest genug verankert, hat die Befriedigung der Sucht oberste Priorität! Bei einer Abhängigkeit verändert sich maßgeblich die Funktionsweise des Gehirns – dessen sollte man sich stets bewusst sein! Der Betroffene kann noch so lieb, nett und begabt sein – gegen diese neurobiologische Dynamik hat er nicht die geringste Chance! Vernunft ist bei Sucht also kein hilfreiches Argument. Von Verheimlichen, über Lügen, Betrügen oder Klauen, bis zum Interessenverlust, absoluter Verwahrlosung und Selbstaufgabe – der Kranke wird alles in Kauf nehmen, um seine Sucht zu stillen. Ja, es sind kranke Menschen – ich weiß, wovon ich spreche! Je weiter man sich von seinem alten Ich entfernt bzw. je mehr man abdriftet, desto größer wird der Ekel vor sich selbst. Du kannst nicht mehr in den Spiegel schauen! Ein wirklich ekelhaftes

Gefühl, welches sich nur durch das Aufrechterhalten der Sucht wieder verdrängen lässt. Dann hat der Teufelskreis längst begonnen! Leider ist das Selbstwertgefühl, der meisten Abhängigen bereits so weit im Keller, dass sie wirklich denken, eine Veränderung würde sich nicht mehr lohnen. »Ich bin das Letzte! – Meine Probleme sind mir längst, über den Kopf gewachsen, es ist unmöglich, sie zu lösen! – Ich kann doch gar nichts anderes mehr!«, lauten die üblichen Argumente, die Betroffene noch weiter herunterziehen. Dabei spricht da nur das Suchtgehirn! Schon gesunde Gehirne hassen Veränderungen und sabotieren unsere Neuanfänge systematisch. Bei den Gehirnen, von Abhängigen ist diese Funktion noch viel stärker ausgeprägt! Doch all das ist Schwachsinn! So abgedroschen der Spruch auch klingen mag, aber es ist nie zu spät, etwas zu verändern! In jedem Menschen – ganz egal, wie kaputt er gerade ist – schlummern versteckte Talente, die nur wieder entdeckt oder gefördert werden müssen. So hart dieser Sprung ins kalte Wasser auch ist, er lohnt sich allemal! Nach Jahrzehnten der zügellosen Glücksspielabhängigkeit, mit erheblicher Drogensucht als

Komorbidität, braucht mir wirklich niemand mit Ausreden kommen. Ich habe sozusagen eine Habilitation in Ausreden und Lügen! Und als Professor der Ausflüchte, des Lugs und Betrugs kann ich dir Folgendes ans Herz legen: »Geht nicht, gibt's nicht! Wenn dir ein Grund einfällt, warum du nicht aufhören kannst, bist du noch nicht weit genug unten! Dann brauchst du eben etwas Motivation, welche aber nur aus dem Erkennen der dich umgebenden Scheiße erwächst!« Mit Ausflüchten kann mich echt keiner einseifen. Wie anfangs erwähnt, ich könnte ganze Doktorarbeiten über Ausreden verfassen. Ob Freunde oder Bekannte, Angehörige, hochoffizielle Behörden und geschulte Therapeuten, Gefängnisleitung sowie Gesundheitsämter – ich habe alle an der Nase herumgeführt! Es war ein langer Weg, bis ich endlich erkannte, dass ich nur mich selbst verarsche! Ich hätte diesen Absprung schon Jahre früher schaffen können – das weiß ich heute. Aber besser spät als nie! Und ich kenne kaum Leute, die weiter unten sind, als ich es war. Während meiner »Spielerkarriere« habe ich weit über 300.000 Euro verzockt, kann mich aber nicht erinnern, je mit mehr als 1000

Euro gewonnen zu haben. Falls du also betroffen bist, nimm dir ein Beispiel und lass die Scheiße hinter dir. Denn eins ist sicher – es wartet ein so viel besseres Leben auf dich! Da ich keine halben Sachen machen wollte, hörte ich auch mit den chemischen Drogen auf. Seit dem 31.03.2023 ist Mario Kluth also clean! Nur das Gelegenheitskiffen habe ich mir beibehalten. Vor dem Hintergrund der anstehenden Legalisierung kann man hier aber von keiner illegalen Substanz sprechen. Ich persönlich sah THC ohnehin nie als Droge an. Manchmal fällt mir die Spielabstinenz schon noch etwas schwer, gerade, wenn ich von den tief verinnerlichten Reizen getriggert werde. Mittlerweile zieht es mich aber kaum mehr runter. Ich kann sogar an Spielhöllen vorbeigehen, ohne groß davon beeindruckt zu sein. Diesbezüglich habe ich mir effektive Bewältigungsstrategien erarbeitet, welche jeder für sich selbst entdecken muss. Was mich dagegen richtig ärgert, ist diese aggressive Werbung für Online-Glücksspiel! Du musst ja nur den Fernseher einschalten und schon wirst du mit diversen Werbespots besudelt. Im Internet ist es das Gleiche! Wobei alle

Spiele, die man an Automaten findet, auch in Online-Games integriert sind. Ob nun die ach so tollen Slots oder jenes Jackpot-Spiel mit dem bescheuerten Piratensong – es gibt tausende Reklamefilmchen, die sogar am Nachmittag laufen und auf Kinder abzielen! Diese konditionierenden Reiztöne und Lichteffekte sind »natürlich« inklusive. Immerhin möchten die Konzerne möglichst viele Spielsüchtige zum Rückfall animieren oder im »besten« Fall, eine neue Generation von Abhängigen produzieren. Die verdienen sich ja dumm und dämlich am Leid anderer Menschen! Bei dieser aufdringlichen Masche, welche der Staat eigentlich umgehend verbieten müsste, könnte ich wirklich kotzen. Nun zu meinen Zukunftsplänen, an denen ich schon seit einiger Zeit fleißig bastle. Ich weiß, dass ich gehöriges Potenzial in mir trage, welches ich allzu lange ungenutzt ließ. Da ich generell überzeugt bin, die Leute lachen zu wenig, würde ich mich z. B. gerne als Entertainer versuchen. Aber auch in puncto Selbstvermarktung und Verkauf sehe ich die Möglichkeit, von meinem Talent zu profitieren. Auf dieser Ebene habe ich ein ganz klares Vorbild: Kim

Kardashian! Manche Männer mögen jetzt vielleicht schmunzeln, weil ich mir ausgerechnet ein weibliches TV- und Internetsternchen ausgesucht habe. Doch, das ist mir vollkommen egal! Die Leistung dieser Frau, die sich ein komplettes Imperium aufgebaut hat, nötigt mir einfach Respekt ab. Diese hochintelligente Powerfrau erschuf mit viel Geschick und Fleiß ihre eigene Marke. Jeder auf diesem Globus kennt Kim Kardashian! Obwohl so ein Megaerfolg nicht unbedingt wahrscheinlich ist, will ich mich an ihrem Beispiel orientieren. Getreu dem Motto »Express yourself« möchte ich die Marke, Ken Karneschégen Van P kreieren. Dafür werden alle Talente, welche ich früher an falscher Stelle investierte, in die Waagschale geworfen. Vom Entertainmentsektor, wie Comedy oder Unterhaltung, über Aufklärungsarbeit, bis zum Verkauf von kundenorientierten Produkten, kann ich mir vieles vorstellen. Was den endgültigen Tätigkeitsbereich betrifft, bin ich aktuell noch bei der Feinabstimmung. Fest steht: ich stecke voller Euphorie und kann es kaum erwarten, loszulegen. Wundere dich also nicht, wenn du mich mal im Fernsehen siehst. Es wäre möglich, dass ich mal dort aufkreuze. Mein Leben war eine absolute Achterbahnfahrt, aus der ich eins gelernt habe: Grenzen setzt du dir nur selbst! Mit dem richtigen Elan im Nacken kannst du nicht nur all deine Ziele erreichen, sondern auch zu ungeahnten Ufern aufbrechen! Ich könnte mir sogar vorstellen, Vater zu werden und eine Familie zu gründen. Wenn die Rahmenbedingungen passen, warum nicht? Nur, weil ich mich jenseits der 40 bewege, bin ich doch noch lange nicht zu alt dafür! Auch, wenn ich Jahrzehnte unter meinen Möglichkeiten lebte und viele Dinge bitterlich bereue, sprudle ich geradezu vor Tatendrang, meine zweite. Chance in vollem Umfang zu nutzen. Der Weg zur Abstinenz war gleichermaßen lang und wichtig, aber wie du siehst, kam das entscheidende Umdenken – der maßgebliche Klick – doch recht schnell. Ich musste nur endlich begreifen, worauf es wirklich ankommt und über meinen eigenen Schatten springen. Dabei handelt es sich keineswegs, um eine Herkulesaufgabe – mit der richtigen Motivation schafft das jeder! Es bedarf nur einer Erinnerung an dein eigentliches Ich und die feste Überzeugung, dass du dem

Schattendasein entkommen willst. Inspiration kann eine mächtige Kraft sein, die unsere Perspektive verändert und uns dazu ermutigt, unser volles Potenzial zu entfalten. Sucht – in welcher Form auch immer sie erscheint – ist Ballast, den wir zwingend abwerfen müssen, um unseren Weg zum Glück und zur Erfüllung zu ebnen. Jeder noch so kleine Funken Hoffnung, kann sich – mit starkem Enthusiasmus – zum lodernden Feuer ausweiten, welches nötig ist, um unsere Ängste und Zweifel niederzubrennen. Dazu braucht man keine Wunder! Wir sind in der Lage, uns über jede Hürde zu erheben und können jeden Tag aufs Neue entdecken, dass für unsere Träume keine Grenzen existieren. Es ist nie zu spät, sein altes, modriges Leben in eine Schachtel zu packen und einer besseren Zukunft entgegenzublicken. Egal, was war. Egal, an welchem Tiefpunkt du dich gerade befindest. Völlig gleich, wie mächtig dir deine Sucht erscheint. Ich selbst bin das beste Beispiel! Abhängiger zu sein, als ich es war, ist praktisch nicht möglich. In diesem Sinne hoffe ich, dass mein Buch deine Inspiration wecken konnte.

*Wir Süchtige sind alle Banditen,
denn wir berauben uns
unsere Möglichkeiten.*